U0083415

古代歷史文化^{研究}輯刊

二五編

王明蓀 主編

第9冊

東晉南朝荊州政治地理研究
——兼論雍州、湘州、郢州（下）

程　剛　著

國家圖書館出版品預行編目資料

東晉南朝荊州政治地理研究——兼論雍州、湘州、郢州（下）
／程剛 著 -- 初版 -- 新北市：花木蘭文化事業有限公司，
2021〔民110〕
目 6+156 面；19×26 公分
（古代歷史文化研究輯刊 二五編；第9冊）
ISBN 978-986-518-311-0（精裝）
1. 政治地理學 2. 疆域 3. 東晉史 4. 南朝史
618   110000150

古代歷史文化研究輯刊
二五編 第 九 冊   ISBN：978-986-518-311-0

東晉南朝荊州政治地理研究
——兼論雍州、湘州、郢州（下）

作 者 程 剛
主 編 王明蓀
總 編 輯 杜潔祥
副總編輯 楊嘉樂
編 輯 許郁翎、張雅淋 美術編輯 陳逸婷
出 版 花木蘭文化事業有限公司
發 行 人 高小娟
聯絡地址 235 新北市中和區中安街七二號十三樓
　　　　 電話：02-2923-1455 ／傳真：02-2923-1452
網 址 http://www.huamulan.tw 信箱 service@huamulans.com
印 刷 普羅文化出版廣告事業
初 版 2021 年 3 月
全書字數 293655 字
定 價 二五編 15 冊（精裝）台幣 45,000 元

版權所有·請勿翻印

東晉南朝荊州政治地理研究
——兼論雍州、湘州、郢州（下）

程剛　著

表目次

圖目次

第三章　蕭齊荊州政治地理研究（兼論雍、郢、湘州）

第一節　蕭齊荊州政區的沿革——兼及雍、郢、湘州

一、荊州政區沿革

　　荊州，《南齊志》曰：建元二年（480），分荊州巴東、建平二郡，置巴州，「永明元年（483）省，各還本屬焉」。〔註1〕《南齊書·高帝紀》云：建元二年置巴州。「以三巴校尉明慧昭為巴州刺史」。〔註2〕永明元年仍領郡十二。仍治江陵縣。

（一）南郡沿革

　　南郡，仍領縣六，仍領有臨沮、編二縣，其他四縣政區沿革詳下文。仍治江陵縣。又，建元元年，立皇孫蕭長懋為南郡王；永泰元年（498），誅南郡王蕭子夏。〔註3〕則建元元年至永泰元年為王國。

〔註1〕《南齊志下》巴州序，第275頁。

〔註2〕《南齊書》卷二《高帝紀》，第36頁。然《南齊書》卷五十四《高逸傳》云：「建元元年，（明慧照）為巴州刺史，綏懷蠻蜑。」第928頁。又《南史》卷五十《明僧紹傳》（第1242頁）與《南齊書·高逸傳》所載同，皆是建元元年。恐皆誤。

〔註3〕《南齊書》卷二《高帝紀》，第34頁；《南齊書》卷六《明帝紀》，第90頁。又《南齊書》卷二十一《文惠太子傳》云：「江左未有嫡皇孫封王，始自此也。」第398頁。

1、江陵，齊初，封蕭子懋為江陵公；建元四年，進爵為晉安王。〔註4〕則建元元年當為公國，建元四年還為縣。又，永元元年，以江陵公蕭寶覽為始安王。〔註5〕則永元元年前，復為公國。後，蕭暢仕齊至太常，封為江陵縣侯；天監元年（502），追封為衡陽郡王。〔註6〕則侯國當在蕭齊末年立，天監元年當還為縣。

2、華容，《南齊書·高帝紀》曰：建元元年，降華容縣公（按：王弘後人襲爵）為侯。〔註7〕天監元年，「詔曰：『齊世王侯封爵，悉皆降省。』」〔註8〕則天監元年當除國。

3、枝江，齊初，封蕭子隆為枝江縣公；建元四年，進封為隨郡王。〔註9〕則建元元年當為公國，建元四年還為縣。又，建武元年（494），「以廢立功」，封徐孝嗣為枝江縣侯；同年，「以定策勳功，進爵為公」；永元元年，賜死。〔註10〕當除國。

4、當陽，陳胤叔仍當襲子爵，詳第二章第一節南郡當陽縣條。〔註11〕天監元年當除國，詳本節南郡華容縣條。

（二）南平郡沿革

南平郡，仍領縣四，仍領有孱陵、江安、作唐、安南〔註12〕四縣。《一統志》曰：「南齊移郡治孱陵，江安為屬縣。」〔註13〕從之。又，永明元年，立蕭銳為南平王；建武元年，被害；同年，立蕭寶攸為南平王；二年（495），改

〔註4〕《南齊書》卷四十《蕭子懋傳》，第708頁；《南齊書》卷三《武帝紀》，第46頁。

〔註5〕《南齊書》卷七《東昏侯紀》，第99頁。

〔註6〕《梁書》卷二十三《蕭元簡傳》，第363頁。

〔註7〕《南齊書》卷二《高帝紀下》，第32頁。

〔註8〕《梁書》卷二《武帝中》，第35頁。此外，為行文方便，以下文據此條史料者，出處皆省略之。

〔註9〕《南齊書》卷四十《蕭子隆傳》，第710頁；《南齊書》卷三《武帝紀》，第46頁。

〔註10〕《南齊書》卷四十四《徐孝嗣》，第772～774頁。

〔註11〕《南齊書》卷二《高帝紀下》曰：「其有預效屯夷，宣力齊業者，一仍本封，無所減降。」第33頁。

〔註12〕中華書局點校本《宋志》作「南安」，《南齊志》作「安南」。今從《南齊志》。胡阿祥亦以為：「各本並作之『安南』，以不改『南安』為妥。」《《宋書》卷三十七〈州郡三〉獻疑》。

〔註13〕《一統志》第二十二冊卷三百四十四荊州府一公安縣條，第17388頁。

封為邵陵王。〔註14〕則永明元年至建武二年為王國。

（三）天門郡沿革

天門郡，仍領縣四，仍領有澧陽、零陽、漊中三縣，臨澧縣政區沿革詳下文。仍治澧陽縣〔註15〕。

1、**臨澧**，《南齊書·祥瑞志》云：永明八年（490），天門郡臨澧縣獲白雀一頭。〔註16〕則蕭齊仍屬。

（四）宜都郡沿革

宜都郡，仍領縣四，仍領有夷道、佷山、夷陵、宜昌四縣。仍治夷道縣。又，永明元年，立蕭鏗為宜都王；延興元年，被誅。〔註17〕國當除。則永明元年至延興元年為王國。

（五）南義陽郡沿革

南義陽郡，仍領縣二，仍領平氏、厥西二僑縣。仍寄治今湖南安鄉縣西南。又，永明中（483～493年），范岫「出為寧朔將軍、南蠻長史、南義陽太守，未赴職」。〔註18〕則蕭齊仍屬。

（六）河東郡沿革

河東郡，據《一統志》蕭齊仍有河東郡。〔註19〕仍領縣四，仍領有松滋、譙、永安三僑縣，聞喜縣政區沿革詳下文。仍寄治今湖北松滋縣西北。又，永泰元年，明帝「疾暴甚，遂害河東王（蕭）鉉」。〔註20〕則蕭齊初當置王國。永泰元年當除國為郡。

1、**聞喜**，據《南齊書·蕭子良傳》載：太祖蕭道成踐祚，封蕭子良為聞

〔註14〕《南齊書》卷三《武帝紀》，第47頁；《南齊書》卷六《明帝紀》，第85頁；《南齊書》卷六《明帝紀》，第88頁。

〔註15〕《南齊志下》荊州南平郡首列「零陽」，第274頁。然周一良認為，上述與「州郡志依例應先舉州所之郡，郡下先舉郡所治縣」的原則不合，並以為當同《宋志》、楊氏圖，首縣應為「澧陽」（《魏晉南北朝史箚記》「州郡志郡下列縣之次序」），第225頁。從之。

〔註16〕《南齊書》卷十八《祥瑞志》，第357頁。

〔註17〕《南齊書》卷三《武帝紀》，第47頁；《南齊書》卷五《海陵王紀》，第79頁。

〔註18〕《梁書》卷二十六《范岫傳》，第392頁。

〔註19〕《一統志》第二十二冊卷三百四十四荊州府一松滋縣條，第17390頁。

〔註20〕《南齊書》卷三十五《蕭鉉傳》，第631頁。

喜縣公；世祖蕭賾即位，又進封為竟陵郡王。〔註21〕則建元元年至建元四年仍為公國。又，建武元年，封蕭遙欣為聞喜縣公；後改封為曲江公。〔註22〕則建武元年復為公國，天監元年當除國，詳本章南郡華容縣條。

（七）汶陽郡沿革

汶陽郡，仍領縣三，仍領有沮陽、高安二縣，僮陽縣政區沿革詳下文。《方輿紀要》云：「晉末置高安縣，劉宋初汶陽郡治此，齊、梁因之。」〔註23〕則蕭齊當治高安縣。

1、僮陽，《南齊書・蠻傳》曰：「建元二年，虜侵豫、司，蠻中傳虜已近，又聞官盡發民丁，南襄城蠻秦遠以郡縣無備，寇潼陽，縣令焦文度戰死。」〔註24〕則蕭齊仍屬。

（八）新興郡沿革

新興郡，仍領縣三，仍領有新豐、廣牧二縣，定襄縣政區沿革詳下文。仍僑治今湖北江陵縣東北。

1、定襄，建元元年，新興王劉嵩降封為定襄公，〔註25〕尋賜死。又，永元二年（500），「崔慧景事平」，封張沖為定襄侯；中興元年（501），張沖拒蕭衍軍於郢城；〔註26〕同年，蕭衍主政，當除國還縣。

（九）永寧郡沿革

永寧郡，仍領縣一，仍領有長寧縣。仍寄治今湖北荊門市北。《梁書・張稷傳》曰：張稷父名永。明帝在位時（494～498年），張稷「復為司馬、新興永寧二郡太守。郡犯私諱，改永寧為長寧」。〔註27〕張稷離任後，當復還原名。

（十）武寧郡沿革

武寧郡，仍領縣二，仍領有長林縣，樂鄉縣政區沿革詳下文。仍治樂鄉縣。

〔註21〕《南齊書》卷四十《蕭子良傳》，第692～694頁。又《南齊書》卷三《武帝紀》亦曰：建元四年，「進封聞喜公（蕭）子良為竟陵王。」第45頁。
〔註22〕《南齊書》卷四十五《蕭遙欣傳》，第792頁。
〔註23〕《方輿紀要》湖廣四卷七十八夷陵州遠安縣條，第3687頁。
〔註24〕《南齊書》卷五十八《蠻傳》，第1008頁。
〔註25〕《南齊書》卷二《高帝紀》，第32頁。
〔註26〕《南齊書》卷四十九《張沖傳》，第854～855頁。
〔註27〕《梁書》卷十六《張稷傳》，第270～271頁。

1、**樂鄉**，仍為侯國，詳第二章第一節荊州武寧郡條。又《南齊書‧垣榮祖傳》亦載：「義嘉事起」，封垣閬為樂鄉縣侯；蕭道成即位（479年），其封爵如舊。〔註28〕天監元年當除國，詳本章南郡華容縣條。

（十一）巴東郡沿革

巴東郡，《宋志》朐陽縣屬巴東郡，《南齊志》無，蕭齊初當省。增置聶陽縣屬。《南齊志》載永明八年當領縣七〔註29〕，仍領有朐腮、南浦、巴渠、漢豐四縣，其他三縣政區沿革詳下文。仍治魚復縣。又《南齊書‧蕭子響傳》載：永明六年（488），封蕭子響為巴東郡王；七年（489），被賜死。〔註30〕此外，永明八年（490），改封褚蓁為巴東郡侯（按：郡侯當為郡公）。〔註31〕則永明八年復為公國。

1、**魚復**，《梁書‧陳伯之傳》曰：齊明帝（494～498年）在位時，封陳伯之為魚復縣伯；中興元年，進封為豐城縣公。〔註32〕則中興元年除國還為縣。

2、**聶陽**，《宋志》無，《南齊志》屬。當在蕭齊初設置。確址乏考。

3、**新浦**，據《梁書‧蕭子恪附子子雲傳》載：建武四年，封蕭子雲為新浦縣侯；天監中（502～519年），「降爵為子」。〔註33〕天監元年當除國，詳本章南郡華容縣條。

（十二）建平郡沿革

建平郡，《宋志》歸鄉縣屬建平郡；《南齊志》無歸鄉縣，當於蕭齊初廢

〔註28〕《南齊書》卷二十八《垣榮祖傳》，第531頁。
〔註29〕胡阿祥曰：「(《南齊志》)其斷限亦不清楚，雖大要以齊武帝永明八年（490年）為定。」《東晉南朝僑州郡縣與僑流人口研究》第十六章《〈南齊書‧州郡志〉箚記》，第470頁。譚其驤認為：「《南齊書‧州郡志》所載州郡縣以建元時建制為準。」《自漢至唐海南島歷史政治地理——附論梁隋間高涼洗夫人功業及隋唐高涼馮氏地方勢力》，收入《長水集（續編）》，第96頁（原載於《歷史研究》1988年第5期）。今從前者，以下文皆同此。
〔註30〕《南齊書》卷四十《蕭子響傳》，第704～706頁。
〔註31〕《南齊書》二十三《褚淵傳附子蓁傳》，第432頁。又，錢大昕以為：「彥回（按：褚淵的字）本封南康郡公，蓁初襲父爵，至是以南康為國，而改蓁為巴東公，見齊武帝諸子傳。此云郡侯，恐誤。」《廿二史考異》卷三十六南史二，第585頁。從之。
〔註32〕《梁書》卷二十《陳伯之傳》，第311～312頁。
〔註33〕《梁書》卷二十九《蕭子恪附子子雲傳》，第513頁。

省。然《水經注疏》云：「（楊）守敬案：東晉置（歸鄉）縣，屬建平郡，宋、齊因。」〔註34〕恐誤。今從《南齊志》。永明八年當領縣六，仍領有巫、秭歸、北井、泰昌、沙渠、新鄉六縣。仍治巫縣。

二、郢州政區沿革

郢州，蕭齊初增置九郡，當於永明三年（485）立齊興郡、東𦱤𦱤郡、北遂安左郡三郡，方城左郡、北新陽郡、義安左郡、南新陽左郡、新平左郡、建安左郡六郡，詳下文。永明八年當領郡十五。仍治汝南縣。

（一）江夏郡沿革

江夏郡，《宋志》孝昌屬江夏郡，《南齊志》孝昌屬司州南義陽郡。又《方輿紀要》云：「齊置南義陽郡，治孝昌。」〔註35〕《一統志》亦曰：「漢安陸縣地，（宋）孝武帝析置孝昌縣，……（齊）明帝置南義陽郡。」〔註36〕則蕭齊度孝昌縣屬南義陽郡。永明八年當領縣六，仍領有汝南、蒲圻、瀟陽、沌陽、惠懷五縣，沙陽縣政區沿革詳下文。又，建元三年，立皇子蕭鋒為江夏王；延興元年，被誅。〔註37〕建武元年，立蕭寶玄為江夏王；永元二年（500），伏誅。〔註38〕則建元三年至永元二年為王國。

1、沙陽，永泰元年，以平王敬則功，封胡松為沙陽縣男；永元二年，因其參與蕭昭胄舉事，伏誅。〔註39〕當除國還為縣。

（二）竟陵郡沿革

竟陵郡，仍領縣六，仍領有萇壽、雲杜、新市三縣，其他三縣政區政區沿革詳下文。又，建元四年，進封蕭子良為竟陵王。〔註40〕則建元四年始為王國。天監元年當除國，詳本章南郡華容縣條。

1、竟陵，《南齊書・東昏侯紀》曰：永元二年，封梅蟲兒為竟陵縣男；三

〔註34〕《水經注疏》卷三十四江水二，第 2070 頁。

〔註35〕《方輿紀要》卷七十七湖廣三德安府孝感縣條，第 3615 頁。

〔註36〕《一統志》第二十一冊卷三百三十八漢陽府一孝感縣條，第 16935 頁。

〔註37〕《南齊書》卷二《高帝紀》，第 37 頁；《南齊書》卷五《海陵王紀》，第 79 頁。

〔註38〕《南齊書》卷六《明帝紀》，第 85 頁；《南齊書》卷七《東昏侯紀》，第 100 頁。

〔註39〕《南齊書》卷二十六《王敬則傳》，第 487 頁；《南齊書》卷四十《蕭子良附子昭胄傳》，第 702 頁。

〔註40〕《南齊書》卷三《武帝紀》，第 45 頁。

年（501），伏誅。〔註41〕則永元二年至三年為男國。

　　2、霄城，《南齊書‧劉懷珍傳》云：建元元年，改封劉懷珍為霄城侯。〔註42〕則蕭齊仍為侯國。天監元年當除國，詳本章南郡華容縣條。

　　3、新陽，《南齊書‧恩倖傳》曰：建元初，封紀僧真為新陽縣男。世祖嘗目送之，笑曰：「人何必計門戶，紀僧真常貴人所不及」。〔註43〕則蕭齊仍為男國。天監元年當除國，詳本章南郡華容縣條。

（三）武陵郡沿革

　　武陵郡，據《南齊書‧蠻傳》載：「武陵西溪蠻田思飄寇抄，內史王文和討之，引軍深入，蠻自後斷其糧。豫章王遣中兵參軍莊明五百人將湘州鎮兵合千人救之，思飄與文和拒戰，中弩矢死，蠻眾以城降。」〔註44〕又，當度零陵縣屬零陵郡，詳下文零陵郡條；然《南齊志下》郢州武陵郡條有零陵縣。恐誤。此外，《宋志》遷陵縣屬武陵郡，《南齊志》則無，當於蕭齊初廢省。《一統志》亦曰：「漢置（遷陵）縣，南齊省。」〔註45〕永明八年當領縣九，仍領有臨沅、沅陵、辰陽、酉陽、沅南、漢壽、灈陽、黚陽八縣，龍陽縣政區沿革詳下文。仍治臨沅縣〔註46〕。又，建元元年，立皇子蕭曅為武陵王。〔註47〕則仍為王國。天監元年當除國，詳本章南郡華容縣條。

　　1、龍陽，《魏書‧高祖紀》曰：北魏太和十九年（495），蕭齊龍陽縣開國侯王朗自渦陽來降。〔註48〕王朗當在蕭鸞即位時被封。則建武元年至二年仍為侯國。

（四）巴陵郡沿革

　　巴陵郡，仍領縣四，仍領有巴陵、下雋二縣，其他二縣政區沿革詳下文。

〔註41〕《南齊書》卷七《東昏侯紀》，第105頁、第108頁。

〔註42〕《南齊書》卷二十七《劉懷珍傳》，第503頁。

〔註43〕《南齊書》卷五十六《倖臣傳》，第974頁，

〔註44〕《南齊書》卷五十八《蠻傳》，第1008頁。

〔註45〕《一統志》第二十四冊卷三百七十二永順府遷陵故城條，第18781頁。

〔註46〕《南齊志下》武陵郡首列「沅陵」縣。周一良認為當同《宋志》、楊氏圖，首縣應為「臨沅」（參見《魏晉南北朝史箚記》「州郡志郡下列縣之次序」），第225頁。從之。又詳本章第一節南平郡條。

〔註47〕《南齊書》卷二《高帝紀》，第34頁。

〔註48〕〔北齊〕魏收撰：《魏書》卷七《高祖紀下》，中華書局1974年版，第176頁。

仍治巴陵縣〔註49〕。又，永明二年，立蕭子倫為巴陵王；延興元年，被誅。〔註50〕建武二年，改封臨海王蕭昭秀為巴陵王；永泰元年，被誅。〔註51〕永元元年，改封蕭昭冑為巴陵王；梁受禪，降封其子周為監利侯。」〔註52〕則永明二年至延興元年仍為王國。建武二年至永泰元年復為王國。永元元年至天監元年又為王國。

1、州陵，據《南齊書‧蕭映傳》載：封蕭子游為州陵侯；梁初其兄子晉謀反，兄弟並伏誅。〔註53〕則仍為侯國。天監元年當除國。

2、監利，《南齊書‧曹虎傳》曰：建元元年，改封曹虎為監利縣男；永元元年，被誅。〔註54〕國當除為縣。

（五）武昌郡沿革

武昌郡，增置義寧、真陽二縣來屬，詳下文。則永明八年當領縣五，仍領陽新縣，其他四縣政區沿革詳下文。仍治武昌縣。又據《南齊書‧蕭子明傳》載：永明元年，封蕭子明為武昌王；三年，失國璽，改封為西陽王。〔註55〕則永明元年至三年為王國。

1、武昌，《南齊書‧裴叔業傳》曰：建武二年，明帝以裴「叔業有勳誠」，封為武昌縣伯；永元二年，「發詔討叔業」。〔註56〕則建武二年至永元二年為伯國。

2、鄂，《南齊書‧王玄載傳》云：建元元年，王玄載為鄂縣子如故。〔註57〕則仍為子國。天監元年當國除，詳本章南郡華容縣條。

3、義寧，《宋志》屬南豫州南梁郡，《南齊志》屬。僑置確年乏考。僑寄今湖北鄂州市西南。

4、真陽，《晉志》作「慎陽」，屬豫州汝南郡。《宋志》作「慎陽」，亦屬

〔註49〕《南齊志下》武陵郡首列「下雋」。 周一良認為當同《宋志》、楊氏圖，首縣應為「巴陵」(《魏晉南北朝史箚記》「州郡志郡下列縣之次序」)，第225頁。從之。又詳本章第一節南平郡條。

〔註50〕《南齊書》卷三《武帝紀》，第49頁；《南齊書》卷五《海陵王紀》，79頁。

〔註51〕《南齊書》卷六《明帝紀》，第88頁；《南齊書》卷六《明帝紀》，第90頁。

〔註52〕《南齊書》卷四十《蕭昭冑傳》，第702～703頁。

〔註53〕《南齊書》卷三十五《蕭映傳》，第622頁。

〔註54〕《南齊書》卷三十《曹虎傳》，第561頁、第564頁。

〔註55〕《南齊書》卷四十《蕭子明傳》，第711頁。

〔註56〕《南齊書》五十一《裴叔業傳》，第871頁。

〔註57〕《南齊書》二十七《王玄載傳》，第509頁。

豫州汝南郡。《南齊志》屬。〔註58〕又《南齊志》云：「永明三年戶口簿無。」
〔註59〕當在永明三年後置。確址乏考。

（六）西陽郡沿革

西陽郡，《南齊志》無陽城左縣、建寧左縣、義安縣。當在蕭齊初廢省。
另，增義安左縣、期思二縣來屬。永明八年當領縣九，仍領有西陽、西陵、蘄
陽、孝寧、希水左縣、東安左縣、蘄水左縣七縣，其他二縣政區沿革詳下文。
仍僑寄今湖北黃州市東。〔註60〕又，永泰元年，西陽王蕭子文被誅。〔註61〕
國當除。則永明三年置王國，詳本節武昌郡條。永泰元年還為郡。

1、期思，《續漢志》屬豫州汝南郡，《晉志》屬豫州弋陽郡，《宋志》屬南
豫州弋陽郡。又《南齊志》曰「永明三年戶口薄無。」〔註62〕則當在永明三
年後置。當僑寄今河南淮濱縣東南，確址乏考。

2、義安左縣，置縣確年乏考。確址乏考，當在今湖北浠水、英山、蘄春
等縣一帶。〔註63〕

（七）齊興郡沿革

齊興郡，《南齊志》云：永明三年置齊興郡。〔註64〕永明八年當領縣六。
治今湖北鍾祥縣北。

1、上蔡，《晉志》、《宋志》屬豫州汝南郡。《南齊志》云：永明三年戶口
簿無。〔註65〕當在永明三年後置〔註66〕。僑寄今湖北鍾祥市北。

〔註58〕據《通鑑》卷一百三十一《宋紀》十三明帝泰始二年條曰：「淮西七郡民多不
　　　　願屬魏，連營南奔。」又胡三省注：「淮西七郡：汝南、新蔡、汝陽、汝陰、
　　　　陳郡、南頓、潁川。」第4126頁。據此推測，真陽縣後僑立於武昌郡，當與
　　　　此次流民事件相關。
〔註59〕《南齊志下》郢州武昌郡條，第277頁。
〔註60〕《南齊志下》西陽郡首列「西陵」。周一良認為當同《宋志》、楊氏圖，首縣
　　　　應為「西陽」（《魏晉南北朝史劄記》「州郡志郡下列縣之次序」），第225頁。
　　　　從之。又詳本章第一節南平郡條。
〔註61〕《南齊書》卷六《明帝紀》，第90頁。
〔註62〕《南齊志下》郢州西陽郡條，第277頁。
〔註63〕胡阿祥以為：「郢州西陽郡領義安左縣，疑宋義安僑縣以蠻民所立，故齊改左
　　　　縣。」《〈宋書·州郡志〉匯釋》，第189頁。從之。
〔註64〕《南齊志下》郢州齊興郡條，第277頁。
〔註65〕《南齊志下》郢州齊興郡條，第277頁。
〔註66〕據《通鑑》卷一百三十一《宋紀》十三明帝泰始二年條曰：「淮西七郡民不
　　　　願屬魏，連營南奔。」據此推測，上蔡縣後來僑立，當與此次流民事件有關。

2、綏懷,《晉志》、《宋志》無。當在永明三年與郡俱立。確址乏考。

3、齊康,《晉志》、《宋志》無。當在永明三年與郡俱立。確址乏考。

4、葺波,《晉志》、《宋志》無。當在永明三年與郡俱立。確址乏考。

5、綏平,《晉志》、《宋志》無。當在永明三年與郡俱立。確址乏考。

6、齊寧,《晉志》、《宋志》無,當在永明三年與郡俱立。確址乏考。

(八)東牂牁郡沿革

東牂牁郡,《南齊志》云:永明三年戶口薄云:「新置,無屬縣。」〔註67〕則當在永明三年置,當領縣六。確址乏考,治約在今湖北安陸市、鍾祥、京山等縣境。

1、宜,當在永明三年後置。確年乏考。確址乏考。

2、南平陽,當在永明三年後置。確址乏考。

3、西新市,當在永明三年後置。確址乏考。

4、南新市,當在永明三年後置。確址乏考。

5、西平陽,當在永明三年後置。確址乏考。

6、東新市,當在永明三年後置。確址乏考。

(九)方城左郡沿革

方城左郡,確址乏考,治約在今湖北東部江北地。永明八年當領縣二。

1、城陽,當與郡俱置。確址乏考。

2、歸義,當與郡俱置。確址乏考。

(十)北新陽郡沿革

北新陽郡,確址乏考,治約在今湖北鍾祥、京山縣一帶。永明八年當領縣三。

1、西新陽,當與郡俱置。確址乏考。

2、安吉,當與郡俱置。確址乏考。

3、長寧,當與郡俱置。確址乏考。

(十一)義安左郡沿革

義安左郡,確址乏考,治約今湖北東部江北地。永明八年當領縣一。

詳上文武昌郡真陽縣條。

〔註67〕《南齊志下》郢州東牂牁郡條,第277頁。

1、綏安，當與郡俱置。確址乏考。

（十二）南新陽左郡沿革

南新陽左郡，確址乏考，治約在今湖北鍾祥、京山縣一帶。永明八年當領縣五。

1、南新陽，當與郡俱置。確址乏考。

2、新興，當與郡俱置。確址乏考。

3、北新陽，當與郡俱置。確址乏考。

4、角陵，當與郡俱置。確址乏考。

5、新安，當與郡俱置。確址乏考。

（十三）北遂安左郡沿革

北遂安左郡，《南齊志》引「永明三年薄」云：「五縣皆缺。」〔註68〕則當於永明三年前置。又《南齊書·蠻傳》曰：永明六年（488），「除督護北遂安左郡太守田馴路為試守北遂安左郡太守，……郢州蠻也。」〔註69〕治約今湖北東部江北地，永明三年當領左縣五。

1、東城，當與郡俱置。確址乏考。

2、綏化，當與郡俱置。確址乏考。

3、富城，當與郡俱置。確址乏考。

4、南城，當與郡俱置。確址乏考。

5、新安，當與郡俱置。確址乏考。

（十四）新平左郡沿革

新平左郡，永明六年（488），「除前寧朔將軍田驢王為試守宜人左郡太守，田和代為試守新平左郡太守。」〔註70〕則新平左郡當在永明六年前立。治約今湖北安陸、應城二市及京山縣一帶，確址乏考。永明六年當領左縣三。

1、平陽，當與郡俱置。確址乏考。

2、新市，當與郡俱置。確址乏考。

3、安城，當與郡俱置。確址乏考。

〔註68〕《南齊志下》郢州北遂安左郡條，第 278 頁。
〔註69〕《南齊書》卷五十八《蠻傳》，第 1008～1009 頁。
〔註70〕《南齊書》卷五十八《蠻傳》，第 1008～1009 頁。

（十五）建安左郡沿革

建安左郡，治在今湖北京山縣東南。永明八年當領縣一。

1、宵城，《隋志》曰：「有京山縣，齊置建安郡。」〔註71〕《隋志地理志考證附補遺》亦云：「《紀要》云：『後齊置』。按齊志郢州有建安左郡，領宵城縣即此。《紀要》失檢，遂意為之說。」〔註72〕從之。治今湖北京山縣東南。

三、湘州政區沿革

湘州，蕭齊仍領郡十。仍治臨湘縣。

（一）長沙郡沿革

長沙郡，度湘東郡湘陰縣來屬，並割攸縣屬湘東郡。永明八年當領縣七，仍領有羅、醴陵、建寧、吳昌四縣，其他三縣政區沿革詳下文。仍治臨湘縣。又，建元元年，立蕭晃為長沙王。〔註73〕則蕭齊仍為王國。天監元年當國除，詳本章南郡華容縣條。

1、臨湘，《梁書·武帝紀》曰：建元元年，「以參預佐命」，封蕭順之為臨湘縣侯。〔註74〕則仍為侯國。

2、湘陰，《宋志》屬湘東郡，《南齊志》屬。《南齊書·王敬則傳》云：永泰元年，以平王敬則功，封劉山陽為湘陰縣男。〔註75〕則蕭齊又為男國。天監元年當國除，詳本章南郡華容縣條。

3、劉陽，《宋書》作「瀏陽」屬，《南齊志》作「劉陽」屬。齊高帝時（479～482年），封呂文顯劉陽縣男。〔註76〕天監元年當除國，詳本章南郡華容縣條。

（二）桂陽郡沿革

桂陽郡，仍領縣六，仍領有郴、臨武、南平、耒陽、晉寧、汝城六縣。仍治郴縣。又，建元元年，立蕭鑠為桂陽王；延興元年（494），被誅。〔註77〕

〔註71〕《隋志下》沔陽郡條，第890頁。
〔註72〕楊守敬：《隋書地理志考證附補遺》沔陽郡竟陵齊置建安郡條（《二十五史補編》本第四冊），第4903頁。
〔註73〕《南齊書》卷二《高帝紀》，第34頁。
〔註74〕《梁書》卷一《武帝紀》，第1頁。
〔註75〕《南齊書》卷二十六《王敬則傳》，第487頁。
〔註76〕《南齊書》卷五十六《倖臣傳》，第977頁。
〔註77〕《南齊書》卷二《高帝紀》，第34頁；《南齊書》卷五《海陵王紀》，第79頁。

建武二年，改封永嘉王蕭昭粲為桂陽王；永泰元年，被誅。後，中興二年（502），桂陽王蕭寶貞伏誅，〔註78〕蕭寶貞當在永泰元年封王。則蕭齊仍為王國。

（三）零陵郡沿革

零陵郡，仍領縣七，仍領有零陵、觀陽、永昌、應陽四縣，其他三縣政區沿革詳下文。仍治泉陵縣。又，永明八年，零陵王司馬藥師薨。此外，世祖劉駿時（483～493年），除王份為寧朔將軍、零陵內史。〔註79〕則仍為王國。天監元年當國除，詳本章南郡華容縣條。

1、泉陵，《南齊書·蕭嶷傳》云：永明十年（492），封蕭嶷第三子子操為泉陵侯。〔註80〕天監元年當國除，詳本章南郡華容縣條。

2、洮陽，《南齊書·蕭嶷傳》曰：永明十年，封蕭嶷第四子子行為洮陽侯。〔註81〕則仍為侯國。天監元年當國除，詳本章南郡華容縣條。

3、祁陽，據《梁書·蕭子恪附弟子範傳》載：永明十年，封蕭子範為祁陽縣侯；「天監初，降爵為子」。〔註82〕則永明十年始為侯國。

（四）衡陽郡沿革

衡陽郡，《南齊志》以重安縣屬湘東郡。又《南齊志》無湘南縣。據《南齊書·呂安國傳》：建元元年，呂安國進爵為湘南縣侯；二年，改封為湘鄉縣侯。〔註83〕則湘南縣當在建元二年省。永明八年當領縣五，仍領有益陽、新康、衡山三縣，其他二縣政區沿革詳下文。當在建元二年前，徙治湘西縣。又，建元元年，追封蕭道度為衡陽元王；延興元年，誅撫軍將軍衡陽王蕭鈞。〔註84〕建武元年，蕭諶進爵為衡陽郡公；二年，被殺。建武二年，立蕭子峻為衡陽王；永泰元年，被誅。同年，又立蕭子坦為衡陽王。〔註85〕天監元年當國除。詳本章南郡華容縣條。

〔註78〕《南齊書》卷六《明帝紀》，第88頁；《南齊書》卷六《明帝紀》，第90頁；《南齊書》卷八《和帝紀》，第114頁。

〔註79〕《南齊書》卷三《武帝紀》，第57頁；《梁書》卷二十一《王份傳》，第325頁。

〔註80〕《南齊書》卷二十二《蕭嶷傳》，第419頁。

〔註81〕《南齊書》卷二十二《蕭嶷傳》，第420頁。

〔註82〕《梁書》卷三十五《蕭子恪附弟子範傳》，第510頁。

〔註83〕《南齊書》卷二十九《呂安國傳》，第538頁。

〔註84〕《南齊書》卷二《高帝紀》，第34頁；《南齊書》卷五《海陵王紀》，第79頁。

〔註85〕《南齊書》卷四十二《蕭諶傳》第746頁 ；《南齊書》卷六《明帝紀》：第88頁、第91頁。

1、**湘西**，《南齊書‧曹景宗傳》曰：中興元年，封曹景宗為湘西縣侯；「天監元年，改封竟陵縣侯」。〔註86〕則天監元年當還為縣。

2、**湘鄉**，據《南齊書‧呂安國傳》載：建元二年，改封呂安國為湘鄉侯。〔註87〕天監元年當除國，詳本章南郡華容縣條。

（五）營陽郡沿革

營陽郡，仍領縣四，仍領有營浦、營道、泠道、舂陵四縣，仍治營浦縣。

（六）湘東郡沿革

湘東郡，度長沙郡攸、衡陽郡重安二縣來屬，並割湘陰縣屬長沙郡，詳本章本節長沙、衡陽二郡條。永明八年當領縣六，即臨烝、茶陵、新寧、攸、重安、陰山六縣。仍治臨烝縣。又《元和志》曰：「茶陵縣，本長沙國界，蕭齊永明七年入湘東郡。」〔註88〕與之不同，《晉志》、《宋志》皆以為茶陵縣本屬湘東郡。從之。則《元和志》恐誤。此外，永明八年，立蕭子建為湘東王；永泰元年，被誅。〔註89〕當除國。永元元年，「以安陸郡邊虜」，蕭寶晊改封為湘東王；中興二年，伏誅。〔註90〕則永明八年至永泰元年仍為王國，永元元年至中興二年復為王國。

（七）邵陵郡沿革

邵陵郡，仍領縣七，仍領有邵陵、都梁、高平、武剛、建興、邵陽、扶七縣。仍治邵陵縣。又，永明四年（486），立蕭子貞為邵陵王；建武二年，被誅。〔註91〕同年，南平王蕭寶攸改封為邵陵王；中興二年，伏誅。〔註92〕則永明四年至建武二年仍為王國。

（八）始興郡沿革

始興郡，增仁化、正階、靈溪三縣來屬。永明八年當領縣十，仍領有桂陽、陽山、含洭、始興四縣，其他六縣政區沿革詳下文。仍治曲江縣。又《南

〔註86〕《梁書》卷九《曹景宗傳》，第179頁。

〔註87〕《南齊書》卷二十九《呂安國傳》，第538頁。

〔註88〕《元和志》卷第二十九江南道五衡州茶陵縣條，第705頁。

〔註89〕《南齊書》卷三《武帝紀》，第58頁；《南齊書》卷六《明帝紀》，第90頁。

〔註90〕《南齊書》卷四十五《宗室傳》，第795頁；《南齊書》卷八《和帝紀》，第114頁。

〔註91〕《南齊書》卷三《武帝紀》，第51頁；《南齊書》卷六《明帝紀》，第87頁。

〔註92〕《南齊書》卷六《明帝紀》，第88頁；《南齊書》卷八《和帝紀》，第114頁。

齊書・五行志》曰：「永明二年秋，始興曲江山崩，壅底溪水成陂。」〔註 93〕則永明二年（484）前，廣興郡當復原名始興郡。此外，據《南齊書・蕭鑑傳》載：初封蕭鑑為廣興王；後，國隨郡改名始興；永明九年，蕭鑑薨，年二十一。〔註 94〕則天監元年當除國，詳本章南郡華容縣條。

1、曲江，《南齊書・蕭昭秀傳》曰：永明中，封蕭昭秀為曲江公；鬱林王即位（494），又進封為臨海郡王。〔註 95〕延興元年（494），封王晏為曲江縣侯；建武元年，又進爵為公，尋被誅。同年，改封蕭遙欣為曲江公。〔註 96〕則建武元年復為公國。天監元年當除國，詳本章南郡華容縣條。又《南史・周盤龍附子奉叔傳》云：隆昌元年，封周奉叔為曲江縣男，尋被誅。〔註 97〕則隆昌元年又為男國，尋除國。

2、仁化，《宋志》無，《南齊志》屬。《一統志》曰：「南齊置仁化縣，屬始興郡。後省。」〔註 98〕從之。治今廣州韶關市東北。

3、正階，《宋志》無，《南齊志》作「令階」屬。《隋志》曰：「始興，齊曰正階，梁改名焉。」〔註 99〕又《寰宇記》云：今始興「縣西七里有蕭齊正階故縣城存」。〔註 100〕則《南齊志》「令階」當為「正階」。治今廣州始興縣西。

4、靈溪，《宋志》無，《南齊志》屬。確址乏考。

5、中宿，《南齊書・沈文季傳》曰：永明四年，平唐禹之亂，「中宿縣子劉明徹被免官削爵付東冶」。〔註 101〕則永明四年當除為縣。

6、滇陽，據《南齊書・柳世隆傳》載：蕭道成踐祚，進柳世隆爵為滇陽縣公。〔註 102〕天監元年當除國，詳本章南郡華容縣條。

（九）臨賀郡沿革

臨賀郡，仍領縣九，仍領有臨賀、馮乘、富川、封陽、謝沐、興安、寧

〔註 93〕《南齊書》卷十九《五行志》，第 379 頁。

〔註 94〕《南齊書》卷三十五《蕭鑑傳》，第 629 頁。

〔註 95〕《南齊書》卷五十《蕭昭秀傳》，第 861 頁。

〔註 96〕《南齊書》卷四十二《王晏傳》，第 742～743 頁；《南齊書》卷四十五《蕭遙欣傳》，第 792 頁。

〔註 97〕《南史》卷四十六《周盤龍附子奉叔傳》，第 1159 頁。

〔註 98〕《一統志》第二十八冊卷四百四十五韶州府仁化縣條，第 22507 頁。

〔註 99〕《隋志下》南海郡條，第 881 頁。

〔註 100〕中華書局本《寰宇記》卷之一百六十嶺南道四南雄州始興縣條，第 3075 頁。

〔註 101〕《南齊書》卷四十四《沈文季傳》，第 777～778 頁。

〔註 102〕《南齊書》卷二十四《柳世隆傳》，第 450 頁。

新、開建、撫寧九縣。仍治臨賀縣。又，永明七年，立蕭子岳為臨賀王；永泰元年，被誅。〔註103〕則永明七年至永泰元年仍為王國。

（十）始安郡沿革

始安郡，《南齊志》曰：「始安郡，本名始建，齊改。」〔註104〕魯西奇據蕭齊永明五年（487）「秦僧猛買地券」認為：「齊改始建為始安當在建元、永明間。」〔註105〕從之。又，《南齊志》無樂化左縣，當於蕭齊初省。並改建陵為左縣，詳下文。永明八年當領縣六，仍領有始安、荔浦、熙平、永豐、平樂五縣，建陵左縣政區沿革詳下文。仍治始安縣。又，建元元年，「追封諡上兄」蕭道生為始安貞王；永元元年，始安王蕭遙光起兵被殺。〔註106〕同年，又以江陵公蕭寶覽為始安王。〔註107〕則蕭齊仍為王國。天監元年當國除，詳本章南郡華容縣條。如上文所及，建元元年，始建郡當復原名為始安郡。

1、建陵左縣，《宋志》無，《南齊志》屬。《一統志》曰：「三國吳分置建陵縣，……齊曰建陵左縣，屬始安郡。」〔註108〕從之。則蕭齊改建陵縣為左縣。當治今廣西荔浦縣縣南。

四、雍州政區沿革

雍州，增置西汝南、北上洛、齊安、齊康、招義五郡來屬，詳下文。永明八年當領郡二十二。北魏太和二十二年（498），北魏拔新野、北襄城（按：屬寧蠻校尉府）、西汝南、北義陽、順陽、南陽沔北五郡。〔註109〕又《南齊書·明帝紀》載：永泰元年，「沔北諸郡為虜所侵，相續敗沒」。〔註110〕無疑，上

〔註103〕《南齊書》卷三《武帝紀》，第56頁；《南齊書》卷六《明帝紀》，第90頁。
〔註104〕《南齊志下》雍州始安郡條，第288頁。
〔註105〕魯西奇：《中國古代買地券研究》，廈門大學出版社2014年版，第127頁。
〔註106〕《南齊書》卷三《高帝紀》，第34頁；《南齊書》卷四十五《宗室傳》，第789頁。
〔註107〕《南齊書》卷七《東昏侯紀》，第99頁。
〔註108〕《一統志》第三十冊卷四百六十七平樂府一修仁縣條，第23835頁。
〔註109〕《魏書》卷七《高祖紀下》，第183頁。又《通鑑》卷一百四十一《齊紀七》明帝建武三年引胡三省注：「蕭子顯《齊志》：西汝南屬雍州，北義陽屬雍州寧蠻府，自宋末有雙頭郡太守，率治一處。……（舞陰縣）為西汝南、北義陽二郡治所。」第4412頁。
〔註110〕《南齊書》卷六《明帝紀》，第90頁。

文所及五郡陷落後，雍州所屬位於沔北的北上洛、齊安郡、齊康郡、招義郡、弘農、北河南、南上洛〔註111〕、河南八郡也相繼敗沒。則永泰元年當領郡十。仍僑寄今湖北襄樊市。

（一）襄陽郡沿革

襄陽郡，增建昌縣一。永明八年當領縣四，仍領有中廬、邔二縣，其他二縣政區沿革詳下文。仍治襄陽縣。

1、襄陽，據《南齊書·張敬兒傳》載：永明元年，「於坐收（張）敬兒」，後伏誅。〔註112〕則永明元年當除國還為縣。

2、建昌，《宋志》屬江州豫章郡，《南齊志》江州豫章郡條和雍州襄陽郡條均有建昌縣。確址乏考，當在今湖北襄樊市一帶。

（二）南陽郡沿革

南陽郡，仍領縣七，仍領有宛、冠軍、舞陰、酈、雲陽、許昌六縣，涅陽縣政區沿革詳下文。仍治宛縣。

1、涅陽，《南齊書·孝義傳》云：「樂頤字文德，南陽涅陽人。世居南郡。」〔註113〕則蕭齊仍屬。

（三）新野郡沿革

新野郡，增置惠懷一縣。永明八年當領縣六，仍領有山都、池陽、穰、交木四縣，其他二縣政區沿革詳下文。仍治新野縣。永泰元年，新野郡陷沒；二年，蕭衍「於沔南立新野郡，以集新附」，〔註114〕並徙治於今湖北宜城縣東南。則永元二年當領新野縣一，其他領縣乏考。

1、新野，《南齊書·高逸傳》云：「庾易字幼簡，新野新野人也。」〔註115〕則蕭齊仍屬。

2、惠懷，《宋志》屬江夏郡，《南齊志》荊州江夏郡條、雍州新野郡條皆有。當在蕭齊初年新立。確址乏考。

〔註111〕《南齊志下》雍州南上洛郡條云：「建武中，此七郡皆沒虜。」第283頁。然《南齊志》所載時間不確，當是建武末永泰初。

〔註112〕《南齊書》卷二十五《張敬兒傳》，第474頁。

〔註113〕《南齊書》五十五《孝義傳》，第964頁。

〔註114〕《梁書》卷一《武帝紀上》，第5頁。

〔註115〕《南齊書》卷五十四《高逸傳》，第940頁。

（四）始平郡沿革

始平郡，仍領縣四，仍領有武當、武功、始平、平陽四縣。仍僑寄今湖北丹江口市西北。

（五）廣平郡沿革

廣平郡，仍領縣四，仍領有鄭、廣平、陰、比陽四縣。後，徙寄治鄭縣。又，永明九年（491），以裴叔業「為寧蠻長史、廣平太守」。〔註116〕則蕭齊仍屬。後，地處沔北地的比陽縣當於永泰元年失陷。則永泰元年當領縣三。

（六）京兆郡沿革

京兆郡，增魏縣一，永明八年當領縣四，仍領鄭、新豐、杜三縣，魏縣政區沿革詳下文。仍僑寄今湖北襄陽縣西北。

1、**魏**，《宋志》屬冀州魏郡，《南齊志》屬。確址乏考。當僑寄今湖北襄陽市、襄陽縣一帶。

（七）扶風郡沿革

扶風郡，仍領縣三，仍領有郿、汎陽二縣，築陽縣政區沿革詳下文。仍僑寄今湖北谷城縣。

1、**築陽**，仍為侯國。〔註117〕天監元年當除國，詳本章南郡華容縣條。

（八）馮翊郡沿革

馮翊郡，仍領縣三，仍領有郃、蓮勺、高陸三縣。仍僑寄今湖北宜城縣東南。

（九）河南郡沿革

河南郡，仍領縣五，仍領有河南、新城、棘陽、襄鄉、河陰五縣。仍僑寄

〔註116〕《南齊書》五十一《裴叔業傳》，第 870 頁。

〔註117〕《南齊書》卷二十九《周盤龍傳》云：「建元二年，虜寇壽春。……（周）盤龍率輔國將軍張倪馬步軍於西澤中奮擊，殺傷數萬人。」又《宋書》卷七十二《劉景素傳》曰：「右衛殿中將軍張倪奴、前軍將軍周盤龍攻陷京城，倪奴禽（劉）景素斬之。」推測上述張倪和張倪奴當為一人，因「奴」字卑，故去之。如《南齊書》卷二十五《張敬兒傳》曰：張敬兒「本名苟兒，宋明帝以其名鄙，改焉」。此外，張倪奴前封築陽縣侯（詳第二章第一節雍州扶風郡條）。據《南齊書》卷二《高帝傳》云：「其有預效屯夷，宣力齊業者，一仍本封，無所減降。」則蕭齊時，張倪奴當仍封築陽縣侯。然〔清〕朱銘盤《南朝齊會要》封建條漏列（上海古籍出版社 1984 年版）。恐誤。

今河南南陽縣東南。

（十）南天水沿革

南天水郡，河陽縣，《宋志》屬；《南齊志》無，當於蕭齊初年省。永明八年當領縣三，仍領有略陽、華陰、西三縣。仍僑寄今湖北宜城縣東〔註118〕。

（十一）義成郡沿革

義成郡，仍領縣二，仍領有義成、萬年二縣。仍僑寄今湖北丹江口市北。〔註119〕

（十二）建昌郡沿革

建昌郡，仍領縣二，仍領有永興、安寧。仍僑寄湖北襄樊市。

（十三）華山郡沿革

華山郡，仍領縣三，仍領有華山、藍田、上黃三縣。仍僑寄今湖北宜城縣北大堤村。〔註120〕

（十四）南上洛郡沿革

南上洛郡，仍領縣二，仍領有上洛、商二縣。仍僑治於臼。

（十五）北河南郡沿革

北河南郡，仍領縣八，仍領有新蔡、汝陰、上蔡、緱氏、洛陽、新安、固始、苞信八縣。仍僑治於宛中。

（十六）弘農郡沿革

弘農郡，仍領縣三，仍領有邯鄲、圉、盧氏三縣。仍僑寄今河南鄧州市西。

（十七）順陽郡沿革

順陽郡，仍領縣六，仍領有南鄉、槐里、清水、丹水、鄭、順陽六縣。仍治南鄉縣。

〔註118〕《宋志》首列「華陰」縣，《南齊志》首列「略陽」縣。胡阿祥認為首縣當為「略陽」縣（《六朝疆域與政區研究》第二節齊政區建製表），第469頁。從之。

〔註119〕《宋志》首列「義成」，《南齊志》首列「萬年」縣。胡阿祥認為首縣當為「義成」縣（《六朝疆域與政區研究》第二節齊政區建製表），第469頁。從之。

〔註120〕《宋志》首列「華山」，《南齊志》首列「藍田」縣。胡阿祥認為首縣當為「華山」縣（《六朝疆域與政區研究》第二節齊政區建製表），第469頁。從之。

（十八）西汝南郡沿革

西汝南郡，《宋志》無，《南齊志》屬。蕭齊永明八年前當新置。治今河南泌陽縣西北。

（十九）北上洛沿革

北上洛郡，永明八年前當新置，確址乏考，疑當在今湖北襄樊市一帶。

（二十）齊安郡沿革

齊安郡，永明八年前當新置。確址乏考，當在雍州北境，沔水以北。

（二十一）齊康郡沿革

齊康郡，永明八年前當新置。確址乏考，當在雍州北境，沔水以北。

（二十二）招義郡沿革

招義郡，永明八年前當新置。確址乏考，當在雍州北境，沔水以北。

五、寧蠻府政區沿革

寧蠻府，《宋書·百官志下》曰：「寧蠻校尉，晉安帝置，治襄陽，以授魯宗之。」又《南齊書·百官志》云「寧蠻校尉。府亦置佐吏，隸雍州。」〔註121〕永明八年當領郡二十四。永泰元年，位於沔北之左義陽、南襄城、廣昌、東襄城、北襄城、北弘農、懷安、西弘農、析陽、北義陽、漢廣、中襄城十二郡陷沒。永泰元年當領郡十二。

（一）西新安郡沿革

西新安郡，永明八年當領縣四，即新安、汎陽、安化、南安四縣。

（二）義寧郡沿革

義寧郡，永明八年當領縣五，即築、義寧、汎陽、武當、南陽五縣。

（三）北建武郡沿革

北建武郡，永明八年當領縣六，即東莄秋、霸、北郡、高羅、西莄秋、平丘六縣。

〔註121〕《宋書》卷四十《百官志下》，第1255頁；《南齊書》卷十六《百官志》，第329頁。

（四）永安郡沿革

永安郡，永明八年當領縣四，即東安樂、新安、西安樂、老泉四縣。

（五）懷化郡沿革

懷化郡，永明八年當領縣七，即懷化、編、遂城、精陽、新化、遂寧、新陽七縣。

（六）武寧郡沿革

武寧郡，永明八年當領縣五，即新安、武寧、懷寧、新城、永寧五縣。

（七）新陽郡沿革

新陽郡，永明八年當領縣八，即東平林、頭章、新安、朗城、新市、新陽、武安、西林八縣。

（八）高安郡沿革

高安郡，永明八年當領縣二，即高安、新集二縣。

以上八郡確址乏考，約在今湖北襄樊市（含五縣）、老河口市、丹江口市、鍾祥市境內，並於永明八年前新置。

（九）南襄郡沿革

南襄郡，《隋志》云：「南漳，西魏並新安、武昌、武平、安武、建平五縣置。」〔註122〕則蕭齊當有新安、武昌、建武、武平四縣。治今湖北南漳縣。永明八年當領縣四。

1、**新安**，治今湖北南漳縣。

2、**武昌**，當治今湖北南漳縣附近，確址乏考。

3、**建武**，當治今湖北南漳縣一帶，確址乏考。

4、**武平**，《南齊志》屬。當治今湖北南漳縣附近，確址乏考。

（十）蔡陽郡沿革

蔡陽郡，永明八年當領縣六。治今湖北棗陽市西南。

1、**樂安**，治今湖北棗陽市西南。

2、**東蔡陽**，治今湖北棗陽市西南。

3、**西蔡陽**，治今湖北棗陽市西南。

〔註122〕《隋志下》襄陽郡南漳條，第 891 頁。

4、新化，當治今湖北襄陽市西南一帶，確址乏考。

5、楊子，當治今湖北襄陽市西南一帶，確址乏考。

6、新安，當治今湖北襄陽市西南一帶，確址乏考。

（十一）安定郡沿革

安定郡，永明八年當領縣六。治今湖北南漳縣西。

1、思歸，治今湖北南漳縣西。

2、歸化，當治今湖北南漳縣一帶，確址乏考。

3、皋亭，當治今湖北南漳縣一帶，確址乏考。

4、新安，治今湖北南漳縣西

5、士漢，當治今湖北南漳縣一帶，確址乏考。

6、士頃，當治今湖北南漳縣一帶，確址乏考。

（十二）義安郡沿革

義安郡，永明八年當領縣九。治今湖北襄陽縣西。

1、義安〔註123〕，治今湖北襄陽縣西。

2、郊鄉，當治今湖北襄陽縣、南漳縣一帶，確址乏考。

3、東里，當治今湖北襄陽縣、南漳縣一帶，確址乏考。

4、永明，當治今湖北襄陽縣、南漳縣一帶，確址乏考。

5、山都，當治今湖北襄陽縣、南漳縣一帶，確址乏考。

6、義寧，當治今湖北襄陽縣、南漳縣一帶，確址乏考。

7、西里，當治今湖北襄陽縣、南漳縣一帶，確址乏考。

8、南錫，當治今湖北襄陽縣、南漳縣一帶，確址乏考。

9、義清，據《寰宇記》載：「南齊於此立義清縣，屬義安郡。」〔註124〕
又《隋書地理志考證附補遺》曰：「義清，今南漳南東北六十里……按齊志寧
蠻府義安郡有義清縣，在南漳縣境。」〔註125〕則當治今南漳縣東北。

（十三）南襄城郡沿革

治今河南桐柏縣西北。領縣無考。

〔註123〕《南齊志》首列「郊鄉」縣。胡阿祥認為首縣當為「義安」（《六朝疆域與政
區研究》第二節齊政區建製表），第469頁。從之。

〔註124〕中華書局本《寰宇記》卷之一百四十五山南東道四襄州中廬縣條，第2818
～2819頁。

〔註125〕《隋書地理志考證附補遺》襄陽郡義清條，第4907頁。

（十四）廣昌郡沿革

廣昌郡，《一統志》曰：「齊置廣昌郡，屬安蠻府。」〔註126〕又《輿地廣記》云：棗陽縣，本二漢蔡陽縣，「晉屬義陽郡，後廢焉，置廣昌縣及廣昌郡」。〔註127〕治今湖北棗陽市。當領有廣昌縣。

（十五）北襄城郡沿革

北襄城郡，治今河南北方城縣東。領縣無考。

（十六）析陽郡沿革

析陽郡，治今河南西峽縣。領縣無考。

（十七）北義陽郡沿革

北義陽郡，詳見本章本節雍州條。治今河南泌陽縣。領縣無考。

（十八）漢廣郡沿革

漢廣郡，治今河南南陽縣南。領縣無考。

左義陽郡、東襄城郡、懷安郡、北弘農郡、西弘農郡、中襄城郡六郡約當治今棗陽市、河南南陽地區（含南陽、鄧州二市及淅川、方城、西峽以外八縣）境內。領縣無考。

表 3.1：蕭齊永明八年（490）荊、郢、湘、雍州（寧蠻府）行政區劃表

州（治所今地）	統郡或國（治所、僑寄地今地）	郡統縣	備注
荊州（湖北江陵縣）	南郡王國（湖北江陵縣）	江陵、華容、當陽、臨沮、編縣、枝江	
	南平王國（湖北公安縣西北）	江安、孱陵、南安、作唐	
	天門郡（湖北石門縣）	澧陽、臨澧、漊中、零陽	
	宜都王國（湖北枝江市）	夷道、佷山、宜昌、夷陵	
	南義陽郡（僑今湖南安鄉縣西南）	厥西、平氏	
	南河東郡（湖北松滋縣西北，實土）	聞喜、譙、永安、松滋	
	汶陽郡（湖北遠安縣西北）	高安、潼陽、沮陽	

〔註126〕《一統志》第二十二冊卷三百四十六襄陽府一棗陽縣條，第 17537 頁。
〔註127〕《輿地廣記》卷第八京西南路上隨州中下棗陽縣條，第 176 頁。

	新興郡（僑今湖北江陵縣東北）	定襄、廣牧、新豐	
	武寧郡（湖北荊門市北）	樂鄉、長林	
	永寧郡（湖北荊門市西北，實土）	長寧	
	巴東公國（四川奉節縣東）	魚復、新浦、胸腎、南浦、漢豐、巴渠、聶陽	
	建平郡（四川巫山縣）	巫、秭歸、北井、泰昌、沙渠、新鄉	
郢州（湖北武漢市武昌區）	江夏王國（湖北武漢市武昌區）	汝南、沌陽、惠懷、灄陽、孝昌、沙陽、蒲圻	上蔡縣 485 年後僑立，490 年當有
	竟陵王國（湖北鍾祥縣）	萇壽、竟陵、新市、霄城、新陽、雲杜	
	武陵王國（湖南常德市）	臨沅、潕陽、酉陽、黔陽、沅陵、龍陽、漢壽、沅南、辰陽	
	巴陵王國（湖南岳陽市）	巴陵、下雋、監利、州陵	
	武昌郡（湖北鄂州市）	武昌、陽新、鄂、義寧、真陽	
	西陽郡（湖北黃州市東，實土）	西陽、西陵、孝寧、蘄陽、蘄水左縣、東安左縣、希水左縣、義安左縣、期思	
	齊興郡（湖北鍾祥縣北）	上蔡、綏懷、齊康、葺波、綏平、齊寧	
	東牂牁郡（約在湖北安陸市、鍾祥、京山等縣境）	宜、南平陽、西新市、南新市、西平陽、東新市	
	方城左郡（約在湖北東部江北地）	城陽、歸義	
	北新陽郡（約在湖北鍾祥、京山縣一帶）	西新陽、安吉、長寧	
	義安左郡（治約湖北東部江北地）	綏安	
	南新陽左郡（約在湖北鍾祥、京山縣一帶）	南新陽、新興、北新陽、角陵、新安	
	北遂安左郡（治約湖北東部江北地）	東城、綏化、富城、南城、新安	

	新平左郡（治約湖北安陸、應城二市及京山縣一帶）	平陽、新市、安城	
	建安左郡（治今湖北京山縣東南）	霄城	
湘州（湖南長沙市）	長沙王國（湖南長沙市）	臨湘、澧陵、瀏陽、吳昌、羅、湘陰、建寧	
	衡陽王國（湖南株洲縣西南）	湘西、益陽、湘鄉、新康、衡山	
	桂陽王國（湖南郴縣）	郴縣、汝城、晉寧、耒陽、南平、臨武	
	零陵王國（湖南永州市）	泉陵、洮陽、零陵、祁陽、應陽、觀陽、永昌	
	營陽郡（湖南道縣東）	營浦、營道、冷道、舂陵	
	湘東王國（湖南衡陽市）	臨烝、新寧、陰山、茶陵、攸、重安	
	邵陵王國（湖南邵陽市）	邵陵、建興、高平、邵陽、武剛、都梁、扶	
	始興王國（廣東韶關市南）	曲江、桂陽、陽山、貞陽、含洭、始興、中宿、仁化、正階、靈溪	
	臨慶王國（廣西賀縣東南）	臨賀、富川、謝沐、馮乘、封陽、興安、寧新、開建、撫寧	
	始安王國（廣西桂林市）	始安、永豐、熙平、荔浦、平樂、建陵左縣	
雍州（湖北襄樊市，實土）	襄陽郡（湖北襄樊市）	襄陽、中廬、邔、建昌	
	南陽郡（河南南陽市）	宛、涅陽、冠軍、酈、舞陰、雲陽、許昌	
	新野郡（河南新野縣）	新野、穰、山都、池陽、交木、惠懷	
	順陽郡（河南淅川縣南）	南鄉、槐里、順陽、清水、鄭、丹水	
	京兆郡（湖北襄陽縣西北，實土）	鄧、杜、新豐、魏	

始平郡（湖北丹江口市西北，實土）	武當、武功、始平、平陽	
扶風郡（湖北谷城縣東，實土）	築陽、汎陽、郿	
南山洛郡（乏考，實土）	上洛、商	
河南郡（河南南陽縣東南，實土）	河南、新城、河陰、棘陽、襄鄉	
廣平郡（河南鄧州市東南，實土）	酇、廣平、比陽、陰縣	
義成郡（湖北丹江口市北，實土）	義成、萬年	
馮翊郡（湖北宜城縣東南，實土）	郃、蓮勺、高陸	
南天水郡（湖北宜城縣東，實土）	略陽、華陰、西	
建昌郡（湖北襄樊市）	永興、安寧	
華山郡（湖北宜城縣北大堤村，實土）	華山、藍田、上黃	
北河南郡（確址乏考，當在河南南陽市一帶）	新蔡、汝陰、緱氏、洛陽、苞信、上蔡、固始、新安	
弘農郡（河南鄧州市西）	邯鄲、圉、盧氏	
西汝南郡（河南泌陽縣西北）		
北上洛郡（疑今湖北襄樊市一帶）		
齊安郡（當在雍州北境，沔水以北		
齊康郡（當在雍州北境，沔水以北）		
招義郡（當在雍州北境，沔水以北）		

寧蠻府（湖北襄樊市）	西新安郡（確址乏考）	新安、汎陽、安化、南安	南襄城郡、廣昌郡、北襄城郡、析陽郡、北義陽郡、漢廣郡、左義陽郡、東襄城郡、懷安郡、北弘農郡、西弘農郡、中襄城郡領縣無考
	義寧郡（確址乏考）	築、義寧、汎陽、武當、南陽	
	北建武郡（確址乏考）	東莨秋、霸、北郡、高羅、西莨秋、平丘	
	永安郡（確址乏考）	東安樂、新安、西安樂、老泉	
	懷化郡（確址乏考）	懷化、編、遂城、精陽、新化、遂寧、新陽	
	武寧郡（確址乏考）	新安、武寧、懷寧、新城、永寧	
	新陽郡（確址乏考）	東平林、頭章、新安、朗城、新市、新陽、武安、西林	
	高安郡（確址乏考）	高安、新集	
	南襄郡（湖北南漳縣）	新安、武昌、建武、武平	
	蔡陽郡（湖北棗陽市西南）	樂安、東蔡陽、西蔡陽、新化、楊子、新安	
	安定郡（湖北南漳縣西）	思歸、歸化、皋亭、新安、士漢、士頃	
	義安郡（湖北襄陽縣西）	義安、郊鄉、東里、永明、山都、義寧、西里、南錫、義清	
	南襄城郡（河南桐柏縣西北）		
	廣昌郡（湖北棗陽市）	廣昌	
	北襄城郡（河南方城縣東）		
	析陽郡（河南西峽縣）		
	北義陽郡（河南泌陽縣）		
	漢廣郡（河南南陽縣南）		
	左義陽郡（確址乏考）		
	東襄城郡（確址乏考）		
	懷安郡（確址乏考）		
	北弘農郡（確址乏考）		
	西弘農郡（確址乏考）		
	中襄城郡（確址乏考）		

說明：外有「□」符號的，表示該州、郡、縣為僑州、郡、縣。

圖 3.1：蕭齊永明八年（490）雍州（寧蠻府）政區圖

圖 3.2：蕭齊永明八年（490）荊州、郢州、湘州政區圖

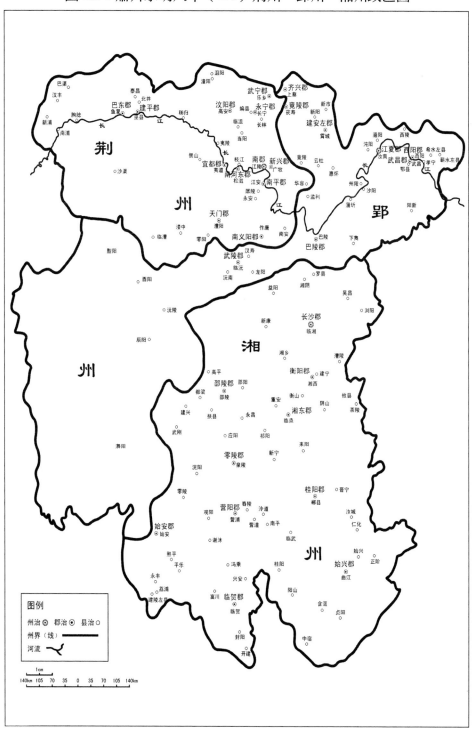

第二節　蕭齊荊、郢、湘、雍四州封爵屬地地理分布的特點與政治原因

　　蕭齊荊、雍、湘、郢四州封爵屬地的地理分布，當分為二個時期：即齊高帝、武帝在位時期（479～493年）和齊明帝、東昏侯、和帝在位時期（494～502年）。現茲將荊、雍、湘、郢州四州的封爵情況列表3.2於下文並按不同時期，次第分析如下。

一、齊高帝、武帝在位時期封爵屬地地理分布特點與政治原因

　　齊高帝、武帝在位時期封爵屬地地理分布特點與政治原因有：第一，郡王國在四州的地理分布範圍進一步擴大，除武昌郡〔註128〕外，又有18個郡王國。其中荊州有4個郡。郢州有5個郡，不含武昌郡。湘州有9個郡為王國。第二，這一時期，蕭齊政權大量分封宗室成員郡王爵。這反映出蕭齊最高統治者欲有意聯合宗室的力量，加強和維持皇權的統治。〔註129〕此外，擁為王爵的成員中，除零陵郡王為司馬氏，衡陽郡王、始安郡王為蕭氏宗室外，其他郡王都是齊高帝或者武帝的子孫。毋庸贅述，齊高帝、武帝二人想借助封爵的政治手段，以固根本，永享天下。〔註130〕第三，封爵屬地在四州的其他公、侯、子、男國共有21個。其中僅有2個位在雍州政區。如蕭齊開國元勳張敬兒籍貫是雍州人，齊高帝有意在其故土封其封爵屬地，就是為了以榮其身。荊、郢二州分別有5個封爵屬地，包括原聞喜縣公蕭子良進封為竟陵郡公。湘州共有9個，遠超荊、郢二州。綜上述，蕭齊仍和劉宋封爵屬地地

〔註128〕後蕭子明丟失王國璽，故由武昌郡王改封為西陽郡王，詳本章第一節郢州武昌郡條。此事頗為蹊蹺，背後當有它因，但因不在本書討論範圍之內，故暫不論述之。

〔註129〕許烺光認為：「中國的宗族具有某種程度的團結心（esprit de corps）和實體性（positive entity），並且是一個對家庭和社區生活有制約、強化和維持作用的十分重要的組織。宗族支配個人的力量同給與個人的保障相平衡。」氏著《宗族·種姓·俱樂部》，薛剛譯，華夏出版社1990年版，第77頁。同樣南朝皇權利用宗室的「團結心和實體性」，即是為了維護自身統治的穩定和長久。

〔註130〕然而「南朝的宗室政治具有矛盾的兩方面特徵——皇帝對宗室諸王既予重用同時又緊緊管控，宗室之中尤其受到重視者乃是皇子、皇弟，在制度上形成了『皇弟皇子府』的機構，同時也成為此時的重要社交和文化中心。」關於以上論述，參見趙立新《南朝宗室政治與仕宦結構：以皇弟皇子府參軍為中心》「摘要」部分，國立臺灣大學2010年博士學位論文。

理分布特點大體相同。無需多言，地處內地的湘州在經濟、政治、軍事地位上，相對於其他三州，較為次要，故封爵屬地最多，關於此點前文已述及之。荊、郢二州次之。位在邊疆爭戰之地雍州，封爵屬地仍最少，居於末位。

　　四，這一時期，荊、湘、郢、雍四州，地域集團〔註131〕的成員多有封爵。如南渡的青徐豪族成員垣閎、王玄載、劉懷珍，分別被封為樂鄉縣侯、鄂縣子、霄城縣侯。無需多言，因上述諸人助齊高帝奪取劉宋政權，立下殊勳。〔註132〕齊高帝為拉攏、培植青徐豪族勢力，讓其繼續效力於本朝，乃以封爵的政治手段，籠絡其心。〔註133〕此外，柳世隆本為雍州豪族的主要成員，他受封原因和上述青徐豪族相同。〔註134〕

　　總之，地域豪強身份的社會地位和代表政治地位的爵位相結合，使地域集團的成員得以在政治、社會兩方面得到當世的認可和推崇。

二、齊明帝、東昏侯、和帝在位時期封爵屬地地理分布特點與政治原因

　　齊明帝、東昏侯、和帝在位時期封爵屬地地理分布特點與政治原因有：第一，齊明帝本人「自以得不以正，親子皆幼小，而高、武子孫日漸長大，遂盡滅之無遺種」。〔註135〕如桂陽王蕭鑠、蕭昭粲被害後，不久，衡陽王蕭子峻，巴陵王蕭昭秀亦被誅殺。同時，為了增強皇權的政治威信，齊明帝在荊、郢、湘三州共封三位皇子為郡王。他們是桂陽郡王蕭寶貞，江夏郡王蕭寶玄，南平郡王蕭寶攸，（按：後改封為邵陵郡王）。第二，齊明帝嚴格遵循京畿不

〔註131〕 甘懷真認為：「在中古史部分，地域集團學說的主要奠基者是陳寅恪，……以『關隴集團』說為例，陳氏在討論地域集團時並不預設人們會因為地緣的關係而結合為一政治性團體，而更重視某些制度化的媒介，如陳氏所強調的府兵之於關隴集團。」氏著《皇權、禮儀與經典詮釋：中國古代政治史研究》，華東師範大學出版社 2008 年版，第 194 頁。

〔註132〕 參見羅新：《青徐豪族與宋齊政治》，載《原學》第 1 輯，中國廣播電視出版社 1994 年版，第 160～172 頁。

〔註133〕 雖然後來青徐豪族在齊武帝時期受到了打壓，但其前期的歷史作用不可小覷。參見韓樹峰：《南北朝時期淮漢地北的邊境豪族》第一章第二、三節，社會科學文獻出版社 2003 年版，第 14～29 頁。

〔註134〕 《南史》卷三十八《柳元景附世隆傳》曰：「（柳世隆）雖門勢子弟，獨修布衣之業。」第 982 頁。

〔註135〕 〔清〕趙翼著，王樹民校證：《廿二史劄記校證》卷十二齊明帝殺高武子孫條，中華書局 1984 年版，第 248～250 頁。

得封國的古例。如建武二年，庾曇隆上言曰：「周定雒邑，天子置畿內之民；漢都咸陽，三輔為社稷之衛。……宋武創業，依擬古典，神州部內，不復別封……昇明御寓，禮舊為先，畿內限斷，宜遵昔制，賜茅授土，一出外州。」〔註136〕當初，蕭齊就曾改封臨海王蕭昭秀為巴陵王，永嘉王蕭昭粲為桂陽王（按：二人皆是文惠太子之子）。〔註137〕後，齊明帝的兒子也無封爵屬地在京畿者。分析原因，當是：齊明帝考慮到政權新立、皇儲幼小，為隔斷其他宗室成員涉足京畿而採取的防範措施。此外，另外一個重要原因應是為了減輕京畿的財政負擔。第三，其他公、侯、伯、子、男國的封爵屬地，位在荊州的有 6 個，郢州 5 個，湘州 2 個，共計 13 個。〔註138〕其中武昌縣伯裴叔業是豫州豪族的代表〔註139〕，齊明帝欲圖以封爵的政治方式來提升豫州豪族的政治和社會的地位，以期獲取他們的支持。此外，豫州是齊明帝的龍興之地，地域社會的淵源關係，也使裴氏受到齊明帝的寵信。毋需多言，豫州豪族集團是齊明帝，乃至蕭齊後期所依恃的主要軍事力量。後，以裴叔業為首的豫州諸多豪族成員引發的降魏事件，是促使蕭齊政權加速走向衰亡的重要因素之一。關於此點，今賢多有高論。〔註140〕故不再贅述之。

表 3.2：蕭齊荊、郢、湘、雍州封爵表

	始封者	籍貫	封爵	時間（置～省年）	受封原因（歷任主要官職）	出處（書／卷／頁）	備註
1	垣閬	下邳	樂鄉縣侯	466～502 年	忠於齊室（驍騎將軍，金紫光祿大夫）	宋書／87／2212，南齊書／28／531	
2	張倪奴	不詳	築陽縣侯	476～502 年	效力齊朝（輔國將軍）	南齊書／29／1863	當仍襲前爵
3	王玄載	太原祁	鄂縣子	477～502 年	佐命功（益州刺史、建寧太守）	南齊書／27／509	
4	張敬兒	南陽冠軍	襄陽縣公	478～483 年	佐命功（雍州刺史、護軍將軍佐）	南齊書／25／464、472、474	為齊武帝被誅

〔註136〕《南齊書》卷五十《文二王傳》，第 861～862 頁。
〔註137〕《南齊書》卷五十《文二王傳》，第 862 頁。
〔註138〕蕭暢為蕭衍之弟，其在齊無功勳記載，故其封爵當在蕭衍持政時的齊和帝時期（501～502 年）。曹景宗於 501 年封爵，故二人皆不計在第二時期內。
〔註139〕關於裴叔業為豫州豪族的考證，參見韓樹峰：《南北朝時期淮漢迤北的邊境豪族》第三章第二節，第 84～86 頁。此不再贅述之。
〔註140〕參見韓樹峰：《南北朝時期淮漢迤北的邊境豪族》第三章第三節，第 89～101 頁。

5	蕭長懋	南蘭陵蘭陵	南郡王	479～498 年	皇孫（雍州刺史，南徐州刺史）	南齊書／21／397～399	齊高帝嫡皇孫
6	蕭子良	同上	聞喜縣公，竟陵郡王	479～482 年，482～499 年	武帝子（太傅）	南齊書／40／692～702	499 年改封巴陵王
7	不詳	琅邪臨沂	華容縣侯	479～502 年	襲爵（不詳）	南齊書／2／32	王弘後人
8	劉嵩	彭城	定襄縣公	479～479 年	宋明帝子（不詳）	宋書／90／2239	賜死
9	劉懷珍	平原	宵城縣侯	479～502 年	佐命功（平西將軍，光祿大夫）	南齊書／27／503	
10	蕭曅	南蘭陵蘭陵	武陵郡王	479～502 年	齊高帝子（丹陽尹，衛將軍）	南齊書／35／624～626	
11	蕭晃	同上	長沙郡王	479～502 年	齊高帝子（丹陽尹，護軍將軍）	南齊書／35／623～624	
12	蕭順之	同上	臨湘縣侯	479～502 年	參預佐命（領軍將軍，丹陽尹）	梁書／1／1	
13	曹虎	下邳下邳	監利縣男	479～499 年	佐命功（散騎常侍、右軍將軍）	南齊書／30／561～564	被齊東昏侯誅
14	呂文顯	臨海	劉陽縣男	479～502 年	為齊高帝所信（中書通事舍人）	南齊書／56／977～978	
15	蕭鑠，蕭昭粲，蕭寶貞	南蘭陵蘭陵	桂陽郡王	479～494 年，495～498 年，（498）～502 年	齊高帝子（中軍將軍），齊文惠太子之子（荊州刺史），齊明帝子（中護軍）	南齊書／35／628，南齊書／50／862、866	
16	不詳	河內溫	零陵郡王	479～502 年	世襲（不詳）	南齊書／3／52	司馬氏後人
17	蕭道度，蕭諶，蕭子峻，蕭子坦	南蘭陵蘭陵	衡陽郡王	479～494 年，494～495 年，495～498 年，498～502 年	齊高帝之兄（不詳），佐齊明帝登基（衛尉），齊武帝子（不詳），蕭曅之子（不詳）	南齊書／2／34，南齊書／5／79，南齊書／40／714，南齊書／42／746，南齊書／6／88、91	479 年追封蕭道度為衡陽郡王
18	呂安國	廣陵廣陵	湘南縣侯，湘鄉縣侯	479～480 年，480～502 年	佐命功（湘州刺史，領軍將軍）	南齊書／29／537～539	480 年省湘南縣
19	柳世隆	河東解	滇陽相公	479～502 年	佐命功（尚書右僕射）	南齊書／24／445～446、450、453	
20	蕭道生	南蘭陵蘭陵	始安郡王	479～499 年	齊高帝之兄（不詳）	南齊書／45／788～789	嗣子蕭遙光被誅
21	蕭鑑	同上	始興郡王	（479）～502 年	高帝子（石頭戍事）	南齊書／35／629	

22	蕭子懋，蕭寶覽	同上	江陵縣公	(479)～482年，?～499年	齊武帝子（雍州刺史），宗室（不詳）	南齊書／3／45，南齊書／40／708～709，南齊書／7／99	482年蕭子懋進封晉安王，499年蕭寶覽進封始安王
23	蕭子隆	同上	枝江縣公	(479)～482年	齊武帝子（荊州刺史）	南齊書／40／710	482年進封隨郡王
24	蕭鋒，蕭寶玄	同上	江夏郡王	481～494年，494～500年	齊高帝子（徐州刺史，侍中），齊明帝子（南徐兗州刺史）	南齊書／35／630，南齊書／50／863～864	
25	紀僧真	丹陽建康	新陽縣男	(479)～502年	為齊高帝、武帝所寵（舍人、廬陵內史）	南齊書／56／972～974	
26	劉明徹	不詳	中宿縣子	（永明初）～486年	為齊武帝所信（左軍將軍）	南齊書／44／777～778	
27	蕭銳，蕭寶攸	南蘭陵蘭陵	南平郡王	483～494年，494～495年，	齊高帝子（湘州刺史），齊明帝子（江州刺史）	南齊書／35／630，南齊書／50／865	蕭銳於494年被害，495年改封蕭寶攸邵陵王
28	蕭鏗	同上	宜都郡王	483～494年	齊高帝子（南豫州刺史）	南齊書／35／631	494年被誅
29	蕭子明	同上	武昌郡王，西陽郡王	483～485年，485～495年	齊武帝子（侍中，驍騎將軍）	南齊書／40／711～712	495年被誅
30	蕭游	同上	州陵縣侯	（永明中）～502年	齊高帝孫（琅邪、晉陵二郡太守）	南齊書／35／623	
31	蕭鉉	同上	河東郡王	（永明中）～498年	齊高帝子（散騎常侍）	南齊書／35／631	498年被害
32	蕭子倫，蕭昭胄	同上	巴陵郡王	484～494年，499～501年	齊武帝子（南豫州刺史），蕭子良之子（驍騎將軍）	南齊書／3，／49，南齊書／5／79，南齊書／40／702～703	
33	蕭子貞，蕭寶攸	同上	邵陵郡王	486～495年，495～502年	齊武帝子（後將軍），齊明帝子（江州刺史）	南齊書／40／713，南齊書／50／865～866	495年蕭子貞被誅，502年蕭寶攸伏誅
34	蕭子響	同上	巴東郡王	488～489年	齊武帝子（荊州刺史）	南齊書／40／705～706	489年被誅
35	蕭子岳	同上	臨賀郡王	489～498年	齊武帝子（不詳）	南齊書／40／713	498年被誅

36	蕭昭秀	同上	曲江縣公，巴陵郡王	（永明中）～494 年，495～498 年	文惠太子之子（荊州刺史）	南齊書／50／861～862	494 年封臨海王，495 年為巴陵王
37	褚蓁	河南陽翟	巴東郡公	490～502 年	世襲（義興太守，領軍將軍）	南齊書／23／432	
38	蕭子建，蕭寶晊	南蘭陵蘭陵	湘東郡王	490～494 年，498～502 年	齊武帝子（不詳），宗室、為齊東昏帝所信（左將軍）	南齊書／40／714，南齊書／45／795	494 年蕭子建伏誅，502 年蕭寶晊伏誅
39	蕭子操	同上	泉陵縣侯	492～502 年	蕭嶷之子（寧遠將軍、吳郡太守）	南齊書／22／419～420	
40	蕭行為	同上	洮陽縣侯	492～502 年	蕭嶷之子（不詳）	南齊書／22／420	
41	蕭子範	同上	祁陽縣侯	492 年～（天監初）	宗室（太子洗馬）	梁書／35／510	天監初降為子爵
42	蕭遙欣	同上	聞喜縣公，曲江縣公	494～494 年，494～502 年	宗室、佐齊明帝功（荊州刺史）	南齊書／45／791～792	
43	徐孝嗣	東海郯	枝江縣侯，枝江縣公	494～494 年，494～499 年	以定策勳、廢立功（尚書令）	南齊書／44／771～774	499 年被害
44	王朗	不詳	龍陽縣侯	494～495 年	疑佐命功（不詳）	魏書／7／176	
45	王晏	琅邪臨沂	曲江縣侯、縣公	494～494 年	預齊明帝登基功（給侍中，尚書令）	南齊書／42／741～743	494 年被誅
46	周奉叔	北蘭陵蘭陵	曲江縣男	494～494 年	為齊鬱林王所信（青州刺史）	南史／46／1159	
47	陳伯之	濟陰睢陵	魚復縣伯	（建武中）～501 年	以勳封（驃騎司馬）	梁書／20／311～312	501 年進封豐城縣公
48	裴叔業	河東聞喜	武昌縣伯	495～499 年	以軍功、為齊明帝所信（徐州刺史）	南齊書／51／869～871	
49	蕭子文	南蘭陵蘭陵	西陽郡王	495～498 年	齊武帝子（不詳）	南齊書／40／713	498 年被誅
50	蕭子雲	同上	新浦縣侯	497 年～（天監中）	蕭子恪之子（不詳）	梁書／35／513	
51	胡松	不詳	沙陽縣男	498～500 年	以平王敬則功（龍驤將軍、直閣）	南齊書／26／487，南齊書／40／702	500 年伏誅
52	陳胤叔	會稽餘姚	當陽縣子	（宋末）～502 年	隨齊高帝征伐（太子左率）	南齊書／30／557	

53	張沖	吳郡吳	定襄縣侯	500～501年	忠於齊東昏帝（郢州刺史）	南齊書／49／853～855	
54	梅蟲兒	不詳	竟陵縣男	500～501年	為齊東昏帝所寵（不詳）	南齊書／7／105、108	501年伏誅
55	劉山陽	不詳	湘陰縣男	498～501年	為齊東昏帝所信（巴西太守）	南齊書／26／487	501年襲蕭衍，被誅
56	蕭暢	南蘭陵蘭陵	江陵縣侯	（齊末）～502年	蕭衍之弟（太常）	梁書／23／363	
57	曹景宗	新野	湘西縣侯	501～502年	蕭衍元從（郢州刺史）	梁書／9／178～179	

第三節　蕭齊巴州政區沿革

　　《南齊志》曰：巴州，三峽險隘，山蠻寇賊，劉宋泰始三年，議立三巴校尉以鎮之，[註141] 後省。劉宋昇明二年復置。建元二年，割荊州巴東、建平二郡和益州巴郡置巴州。[註142] 其刺史領巴東太守。後割涪陵郡來屬。永明元年省，各還本屬焉。[註143] 則建元二年巴州當置。永明三年廢省。建元四年當領郡四。巴東郡詳本章第一節荊州巴東郡條。建平郡詳本章第一節荊州建平郡條。治魚復縣。

（一）巴郡沿革

　　巴郡，《續漢志》領縣十四，屬益州；《晉志》領縣四，屬梁州；《宋志》領縣四，屬益州。如上文所及，建元二年，割屬巴州。又據《華陽國志》載：

〔註141〕《宋書》卷八《明帝紀》曰：泰始五年，「十二月戊戌，……分荊、益州五郡置三巴校尉」。第166頁。又《宋書》卷四十六《張邵附弟悅傳》云：「泰始六年，（宋）明帝於巴郡置三巴校尉，以（張）悅補之，加持節、輔師將軍，領巴郡太守。未拜，卒。」第1400頁。則三巴校尉設置時間有泰始三年、五年、六年三種說法，未知孰是。方高峰以為：「三巴校尉議立為泰始五年十二月，正式設立為泰始六年。」氏著《六朝民族政策與民族融合》，首都師範大學2002年博士學位論文，第41頁。

〔註142〕《南齊書》卷三《高帝紀》曰：建元二年，「置巴州。……以三巴校尉明慧昭為巴州刺史」。第36頁。然《南齊書》卷五十四《高逸傳》云：「建元元年，（以明惠照）為巴州刺史，綏懷蠻蜑，上許為益州，未遷，卒。」第928頁。又《南史》卷五十《明僧紹傳》亦曰：「建元元年，（以明慧照）為巴州刺史，綏懷蠻蜑，上許為益州刺史，未遷卒。」第1242頁。據上述，則巴州置年有建元元年、二年兩種說法，今從《南齊志》、《南齊書·高帝紀》。又，明慧昭、明惠照、明慧照實為一人。

〔註143〕《南齊志下》巴州序，第275頁。

永嘉六年，張啟復行三府事。羅琦行巴郡太守。後，張啟病亡。「三府文武復共表涪陵太守義陽人向沈行西夷校尉。吏民南入涪陵」〔註144〕則永嘉六年，晉被迫棄守巴郡。至永和三年，桓溫滅成漢，東晉收復巴郡。《晉書‧孝武帝紀》曰：寧康元年十一月，「苻堅將楊安陷梓潼及梁、益二州，刺史周仲孫帥騎五千南遁」。《晉書‧毛寶附子穆之傳》云：「（苻）堅眾寇蜀漢，梁州刺史楊亮、益州刺史周仲孫奔退，（桓）沖使（毛）穆之督梁州之三郡軍事、右將軍、西蠻校尉、益州刺史、領建平太守、假節，戍巴郡。以子球為梓潼泰太守。穆之與球伐堅，至於巴西郡，以糧運乏少，退屯於巴東，病卒。」〔註145〕則永康元年，巴、涪陵二郡當陷。太元八年，晉輔國將軍楊亮伐蜀，攻拔五城，擒苻堅將魏光。〔註146〕則東晉當復巴、涪陵二郡。至義熙六年「冬十一月，蜀賊譙縱陷巴東郡，守將溫祚、時延祖死之」。〔註147〕以地望論，巴、涪陵二郡在巴東郡以西，當失陷。後，義熙九年，「朱齡石克成都，斬譙縱，益州平」。〔註148〕巴郡、涪陵二郡當再復。建元四年當領縣四。治江州縣。

1、江州，《續漢志》、《晉志》、《宋志》、《南齊志》屬。治今重慶市區。

2、枳，《續漢志》、《晉志》、《宋志》、《南齊志》屬。《元和志》云：「桓溫定蜀，以涪陵郡理枳縣城。」〔註149〕則永和三年桓溫滅成漢後，在枳縣僑置涪陵郡。時隔不久，僑涪陵郡即省。〔註150〕《寰宇記》引《四夷縣道記》云：東晉桓溫定蜀，「別立枳縣於今郡東北一十里鄰溪口。又置枳城郡尋廢」。〔註151〕其中枳城郡就是僑涪陵郡，當時寄置在枳縣。後，僑涪陵郡廢省，東晉復還置涪陵郡於原址，〔註152〕並還枳縣屬巴郡。治今重慶市涪陵區東北。

3、臨江，《續漢志》、《晉志》、《宋志》、《南齊志》屬。治今重慶市忠縣。

〔註144〕《華陽國志校注》卷八《大同志》，第652頁。

〔註145〕《晉書》卷九《孝武帝紀》，第225頁；《晉書》卷八十一《毛寶附子穆之傳》，第2126頁。

〔註146〕《晉書》卷九《孝武帝紀》，第232頁。

〔註147〕《晉書》卷十《安帝紀》，第262頁。

〔註148〕《晉書》卷十《安帝紀》，第264頁。

〔註149〕《元和志》卷第三十江南道六涪州涪陵縣條，第739頁。

〔註150〕此枳縣非秦漢時期的舊枳縣，但兩枳縣都在涪陵城區附近。參見楊廣華：《東晉無兩枳縣》，收入《長江三峽歷史地理》，藍勇主編，四川人民出版社2003年版，第395頁。

〔註151〕中華書局本《太平寰宇記》卷之一百二十，第2388頁。

〔註152〕楊光華：《晉宋齊涪陵郡廢置及屬州考——附巴郡》，收入《長江三峽歷史地理》，第395頁、第387頁。

4、墊江,《續漢志》、《晉志》、《宋志》、《南齊志》屬。《宋志》云:漢獻帝建安六年,度墊江縣屬巴西郡,「劉禪建興十五年復舊」。〔註153〕治今重慶市合川區。

(二)涪陵郡沿革

涪陵郡,《續漢志》無;《晉志》屬梁州,領縣五;《宋志》無;《南齊志》屬。孔祥軍認為涪陵郡當在建安二十一年置。〔註154〕從之。《華陽國志》曰:「建興元年春,(涪陵太守向)沈卒。涪陵多疫癘。蜀郡太守程融……等共推……涪陵蘭維為西夷校尉。時中原既亂,江東有事,求援無所顧望,融等共率吏民北出枳,欲下巴東,遂為(李)雄將李恭、費黑所破獲。」〔註155〕則永嘉七年,成漢政權攻陷涪陵郡。又《元和志》云:「自李雄據蜀,此地積為戰場,人眾奔波,或上或下。桓溫定蜀,以涪郡理枳縣城。」〔註156〕則永和三年,在枳縣僑置涪陵郡。不久,還枳縣屬巴郡,並復立涪陵郡於原址。詳本節巴郡枳縣條。

永康元年苻秦據有涪陵郡,太元八年東晉收復之,詳本節巴郡條。又《太平御覽》引《幽明錄》曰:「殷仲宗以隆安初入蜀,為毛璩參軍,至涪陵郡,暮宿在亭屋中。」〔註157〕則東晉有涪陵郡。後,譙縱(410～413年)陷涪陵郡。義熙九年(413)朱齡石平譙縱,再次收復涪陵郡,詳本節巴郡條。《宋書·劉道濟傳》載:「元嘉九年涪陵太守阮惠、江陽太守杜玄起、遂寧太守馮遷聞涪城不守,並委郡出奔。」〔註158〕《冥祥記》云:劉宋時有王球者,「字叔達,太原人也,為涪陵太守,以元嘉九年於郡失守,繫在刑獄」。〔註159〕據上述,推測涪陵郡當於元嘉九年失守後,省之。《南齊志》以涪陵郡屬巴州,當於蕭齊初復置。建元四年當領縣三。治漢平縣。

1、漢平,《續漢志》、《晉志》、《宋志》無。《華陽國志》曰:延熙十三年(250)置漢平縣。〔註160〕則蕭齊初當復與郡俱立。治今重慶市武隆縣白馬場。

〔註153〕《宋志四》益州巴郡太守條,第1172頁。
〔註154〕《三國政區地理研究》,第155頁。
〔註155〕《華陽國志校注》卷八《大同志》,第652頁。
〔註156〕《元和志》卷第三十江南道六涪州涪陵縣,第639頁。
〔註157〕《太平御覽》卷第八百八十三神鬼部三鬼上條引劉義慶《幽明錄》,第3924頁。
〔註158〕《宋書》卷45《劉粹附弟劉道濟傳》,第1381頁。
〔註159〕《冥祥記》,第620頁。
〔註160〕《華陽國志校注》卷一《巴志》,第88頁。

2、涪陵，《續漢志》屬益州巴郡，《晉志》屬梁州涪陵郡，《宋志》無，《南齊志》屬巴州。蕭齊初當復與郡俱立。治今重慶市彭水縣。

3、漢復，《續漢志》無，《晉志》屬梁州涪陵郡，《宋志》無，《南齊志》屬巴州。《華陽國志》卷一《巴志》作「漢發」，《晉志》作「漢復」〔註161〕，《南齊志》作「漢玫」〔註162〕。《南齊志》恐誤，當從《晉志》作「漢復」。蕭齊初當復與郡俱立。治今重慶市彭水縣鬱山鎮。

表 3.3：蕭齊建元四年（482）巴州行政區劃表

州（治所今地）	統郡或國（治所）	郡統縣	備注
巴州（重慶市奉節縣東）	巴東郡（重慶市奉節縣東）	魚復、聶陽、朐朕、南浦、巴渠、漢豐、新浦	聶陽縣，齊初立，482年當有。
	建平郡（重慶市巫山縣）	巫、秭歸、北井、泰昌、沙渠、新鄉	
	巴郡（重慶市市區）	江州、枳、臨江、墊江	
	涪陵郡（重慶市武陵縣白馬場）	漢平、涪陵、漢復	

第四節　蕭齊巴州設置及廢省原因探析

建元二年，分荊州巴東、建平和益州巴、涪陵共四郡置巴州，永明元年省，前後僅存三年。〔註163〕具體內容上文已述及。任乃強在論述重慶直轄市政區沿革時，曰：「李嚴請分益州的五郡別立益州，雖被否認了，其後李雄據

〔註161〕任乃強認為：「發與復，古同音。《晉書》作漢復，是正字。謂漢許其人從事煮鹽者，免其徭役。猶魚復之復。」《華陽國志校補圖注》，第44頁。從之。
〔註162〕中華書局點校本《南齊志》校勘記云：「此漢玫非漢葭之偽，即漢復之偽。」然筆者認為當為「漢復」之偽，因當時的「漢葭」縣在今重慶市酉陽縣，遠在郡治武陵縣之東北，且有「龔灘」之險（關於此點，參見《華陽國志校補圖注》，第45頁），並且又無資源。故齊初當不應在此置縣。反觀漢復縣有鹽井，且距離郡治（今重慶市武隆縣）較近。故當置縣於此。
〔註163〕蕭子顯：《南齊志下》巴州條，第275頁。關於巴州的建制沿革，也可參見《中國行政區劃通史·三國兩晉南朝卷（下冊）》，第1088～1089頁。此外，《中國行政區劃通史·三國兩晉南朝卷》據《太平寰宇記》等記載認為涪陵郡時屬梁州，第1118頁。然楊光華《晉宋齊涪陵郡廢置與屬州考》認為自西晉後期到南齊，涪陵郡當屬益州，載《西南師範大學學報（哲學社會科學版）》1999年第4期。今從楊光華的觀點。

蜀時，卻分益州的巴國故地別立荊州刺史。又後到譙縱據蜀時，真的在此建立了巴州。劉裕滅譙蜀，取消州名。南齊又復置巴州。」〔註164〕王元林也認為：雖然，蕭齊巴州僅存在三年，但這次區劃所轄有的地區基本上與今重慶直轄市地域相差無幾，僅在黔北渝南略有出入，因此，建元二年所置的巴州可以看作是重慶直轄市建制的最早時間。〔註165〕任、王二氏所論甚是，但由於主旨所限，沒有對巴州的設置與廢省原因進行深入分析。為行文便利，現將蕭齊時期的巴州政區所統郡縣列表如下：

表 3.4：蕭齊巴州政區郡統縣簡表（按：首郡首縣為州治所地）

郡名	所轄縣	縣治所今地（首縣為郡治所地）
巴東	魚復、朐腮、南浦、羺陽、巴渠、新浦、漢豐	奉節縣東、雲陽縣南、萬州區東、碓址乏考、開縣東北、開縣西南、開縣南
建平	巫、秭歸、北井、泰昌、沙渠、新鄉	巫山縣、秭歸縣西北（A）、巫山縣北、巫山縣北、恩施（A）、碓址乏考
巴	江州、枳、臨江、墊江	重慶市區、涪陵區東北、忠縣、合川區
涪陵	漢平、涪陵、漢復	武陵縣白馬場、彭水縣、彭水縣鬱山鎮

1. 資料來源：《南齊志下》，第 275～276 頁。

2. （A）代表該縣屬於今湖北省，其他屬於今重慶市，以下文涉及地名同此表。

3. 參考譚其驤主編：《中國歷史地圖集・第四冊南朝圖組》，第 34～35 頁、第 38～39 頁；《中華人民共和國行政區劃手冊（2009 年版）》，故地若為州郡，其與現行行政區劃不相匹配，則用與其時州郡治所對應的今地予以表示。

從表 3.4 可知，除今湖北省沿長江一線的西部地區及西南角的恩施市以外，蕭齊初巴州政區基本上在今重慶直轄市的範圍內。以下擬從政治地理學的角度，對蕭齊初巴州設置、廢省的政治、經濟、社會及民族原因論述之。

一、蕭齊設置巴州的由來

首先，蕭齊設置巴州和當時的政治統治環境密不可分。起初，在元嘉時期，巴東、建平二郡號稱「軍府富實」，和江夏、竟陵、武陵並為名郡。〔註166〕

〔註164〕任乃強：《重慶》，《社會科學研究》1980 年第 3 期。

〔註165〕王元林：《重慶直轄市建置溯源——兼析巴蜀地域差異》，《中國歷史地理論叢》1998 年第 1 期。

〔註166〕《宋書》卷七十四《沈攸之傳》，第 1932 頁。

其戰略位置十分重要。顧祖禹稱：「蕭齊兼置巴州……控帶三川，限隔五溪，據荊、楚之上游，為巴、蜀之喉疏……歷齊梁之季，荊、益相持則以巴東為襟要。」〔註 167〕但是，到了劉宋末年，巴東、建平、巴、涪陵四郡殘破，統治力量薄弱。如在大明中，有「建平蠻向廣侯寇暴峽川」。後，荊州刺史朱修之破之，使其遠走清江。〔註 168〕又《南志下》曰：「巴州，三峽險隘，山蠻寇賊，宋泰始三年，議立三巴校尉以鎮之。後省，昇明三年復置。」〔註 169〕但蠻族的反抗以及寇掠對荊州的統治影響極大。據《宋書・夷蠻傳》載：「時巴東、建平、宜都、天門四郡蠻為寇，諸郡民戶流散，百不存一，太宗、順帝世尤甚，雖遣攻伐，終不能禁，荊州為之虛散。」〔註 170〕

據上述，荊州已失去統治的秩序。加上統治失措與內部爭鬥，進一步消耗了上述諸郡的經濟、軍事實力。如劉宋末年，荊州刺史沈攸之在任時，任意盤剝蠻族，「責賤千萬」，並「禁斷魚鹽」，以致「蠻部大亂，抄掠平民」。反叛的蠻部一度攻到武陵郡城下〔註 171〕，造成大混亂。荊州其他各郡的情況當有類似情況。又劉宋末年，郡太守之間也參與到政治紛爭之中。他們起兵互相攻伐，如元徽四年，支持沈攸之的巴東太守劉攘兵聯合荊州的「伐蠻兵」討伐反對沈攸之的建平太守劉道欣。最終劉攘兵攻「破建平，斬道欣。」〔註 172〕巴東、建平二郡的內訌，直接削弱了該地區的統治力量。在此情況下（按：劉宋王朝的實權時已落入蕭道成手中），劉宋昇明二年復置三巴校尉，〔註 173〕以加強中央對該地區的政治統治。最終，在建元二年蕭齊置巴州，任明慧照為巴州刺史，以期恢復該區域原有的統治秩序。

其次，經濟上的考慮。巴州的設置，有利於集中人力、物力，尤其是加強了對四郡資源的開發與利用。翻檢史料，可知巴州物質資源豐富。現列表3.5如下：

〔註 167〕《方輿紀要》卷六十九四川四夔州府條，第 324～3248 頁。

〔註 168〕《宋書》卷九十七《夷蠻傳》，第 2397 頁。

〔註 169〕《南齊志下》巴州條，第 275 頁。

〔註 170〕《宋書》卷九十七《夷蠻傳》，第 2397 頁。

〔註 171〕《南齊書》卷二十二《豫章文獻王傳》，第 405 頁。

〔註 172〕《宋書》卷七十四《沈攸之傳》，第 1932～1933 頁。

〔註 173〕《南齊志下》巴州條，第 275 頁。

表 3.5：巴州物質資源一覽表

縣（所屬郡）	主要物質資源	資料出處／卷／頁
魚復（巴東）	橘、鹽泉	《華陽國志校注》／卷 1／77
胊腮（巴東）	橘、鹽井、靈壽木、橘圃	《華陽國志校注》／卷 1／78
江州（巴）	荔枝、稻米、荔枝園、蒲葑、蘭	《華陽國志校注》／卷 1／65
臨江（巴）	鹽井（一郡所仰）	《華陽國志校注》／卷 1／67
墊江（巴）	桑蠶牛馬	《華陽國志校注》／卷 1／69
（涪陵郡）	惟出茶、丹、漆、蜜、蠟	《華陽國志校注》／卷 1／83
漢復（涪陵）	鹽井	《華陽國志校補圖注》／卷 1／43
涪陵（涪陵）	丹	《續漢志·郡國志五》第 23 卷／3507
北井（建平）	鹽井（建平一郡之所資也）	《水經注校注》／卷 34／789

文獻說明：1.常璩著，劉琳校注：《華陽國志校注》，成都：巴蜀書社，1984 年；2.常璩著，任乃強校注：《華陽國志校補圖注》，上海：上海古籍出版社 1987 年版；3.司馬彪：《續漢書志》，劉昭校補，收入中華書局 1965 年點校本《後漢書》；4.酈道元著，陳橋驛校證：《水經注校證》，北京：中華書局 2007 年版。

毋需贅言，《續漢志》、《華陽國志》和《水經注》所載的物質和戰略資源仍是蕭齊急需的物質資源。如政府通過徵收魚復、胊腮、江州三縣水果的稅賦，以增加財政收入。據《太平御覽》引任昉《述異記》：「越多橘柚園，越人歲多橘稅，謂之澄橘。吳闞澤表云：『請除臣之橘籍是也。』」〔註 174〕任昉事南朝齊梁人，其所著書應是當時的社會實錄。據此可知「橘稅」是當時政府的重要收入。又臨江、北井二縣的鹽井分別是巴、建平二郡所仰賴的重要財政來源之一。通過徵收二縣的鹽稅和買賣食鹽，從中獲得的巨額利潤，這對剛剛遭受蠻民侵擾和沈攸之之亂，急需恢復元氣的荊州來說，無疑是重要的。其實，關於鹽業和地方財政的關係，北魏也有此例，如《魏書·長孫道生附稚傳》載：「時有詔廢鹽池稅，（長孫）稚上表曰：『鹽池天資賄貨，密邇京畿，唯須寶而護之，均贍以理。……略論鹽稅，一年之中，準絹而言，猶不應減三十萬匹也，……今若廢之，事同再失。臣前仰違嚴旨，不先討關賊而解河東者，非是閒長安而急蒲阪。蒲阪一陷，沒失鹽池。三軍口命，濟贍理絕。』」〔註 175〕

〔註 174〕《太平御覽》卷九百六十六果部三橘條，第 4286 頁。
〔註 175〕《魏書》卷二十五《長孫道生附子稚傳》，第 648 頁。

　　這段史料記載也側面印證了蕭齊控制巴郡、建平郡鹽業的用意。除此之外，通過禁斷食鹽這一人類不可或缺的日常生活物資，可控制不服從中央管制的巴州蠻族。如胡鴻以為：「巴東、建平二郡在巫山巫峽一帶，自古即是產鹽之區。沈攸之竟然能斷其鹽米，說明即使在產鹽區，鹽的產銷也處在官府的掌控之中。用鹽來對夷人進行經濟制裁，不是只有沈攸之一人……再往前追溯，呂后即曾禁南越關市鐵器……可見這一策略是華夏帝國所熟悉的，常常用以制敵。」〔註176〕此外，巴州盛產馬匹，據《太平御覽》引《竹林七賢論》載：「王戎簡脫不持儀形，好乘巴騙馬。」〔註177〕又《晉書·明帝紀》載：「（王）敦將舉兵內向，（晉明）帝密知之，乃乘巴滇駿馬微行，至於湖。」〔註178〕又據《建康實錄》卷二十陳下後主長城公叔寶條載：陳高祖曰「王僧辯本乘巴馬以擊侯景。」〔註179〕《樂府詩集》引《南史》亦曰：「說者以為王僧辯本乘巴馬以擊侯景。『馬上郎』，王字也。」〔註180〕馬匹是南朝稀缺的戰略資源，在一定程度上巴馬可緩解蕭齊政權對於馬匹的需求。〔註181〕此外，王明珂提道：「對於住在南方與西南山間，行混合經濟而『無大侯王』的各族群。漢人則深入其間，奪占其河谷、低地。中國商人在這些地區可以底價獲得土產。這兒的中國聚落。城鎮中的人可得到廉價的僕役、勞工。中國地方官員則通過各部族首領對土著徵稅。」〔註182〕蕭齊分置巴州也是為了獲取廉價的土產、人力資源。同時，在河谷、低地地帶建立郡、縣治所，以便於統治此「無大侯王」的地域。

　　再次，出於管理蠻族的政策考慮。南朝雖然「不徙蠻俚於文化較高之地域」，但對於「降附蠻俚之處置，惟有就其地設左郡左縣。」〔註183〕左郡左縣設置的目的是為了能夠鎮撫蠻族。巴州的分置也是為了這一政治目的。又《南齊書·蠻傳》載：「宋泰始以來，巴建蠻向宗頭反，刺史沈攸之斷其鹽米，連討不尅……

〔註176〕　胡鴻：《秦漢帝國擴張的制約因素及突破口》，《中國社會科學》2014年第11期。
〔註177〕　《太平御覽》卷八百九十七獸部九馬五條，第3983頁。
〔註178〕　《晉書》卷六《明帝紀》，第161頁。
〔註179〕　許嵩著、張忱石點校：《建康實錄》卷二十陳下後主長城公叔寶條，中華書局1986年版，第811頁。
〔註180〕　郭茂倩：《樂府詩集》卷八十九雜歌謠辭七謠辭三，中華書局1979年版，第1252頁。
〔註181〕　參見黎虎：《六朝時期江左政權的馬匹來源》，《中國史研究》1991年第1期（後收入氏著：《魏晉南北朝史論》，學苑出版社1999年版，第393～421頁）。
〔註182〕　王明珂：《華夏邊緣：歷史記憶與族群認同》，臺北允晨文化實業股份有限公司1997年版，第315頁。
〔註183〕　周一良：《南朝境內之各種人及政府對待之政策》，第77～78頁。

（齊）太祖置巴州以威靜之。」〔註184〕無疑，威靜蠻夷地區是蕭道成設置巴州的主因。巴州第一任刺史明惠照出身儒、玄學世家，其叔父明僧紹「明經有儒術」，朝廷屢徵不就，為當時的名士；叔父明僧暠「亦好學」；父僧胤「能玄言」。〔註185〕出身儒、玄世家的明惠照，更能以文「綏懷蠻蜑」，迅速恢復蕭齊對巴州的政策統治秩序。關於以文綏懷蠻夷，正史所載俯拾即是。如泰始初，孫謙出任巴東、建平二郡太守，改變以往武力鎮壓的統治方式，採取安撫的政策，「布恩惠之化」，蠻獠饋贈之物，「一無所納」，「及掠得生口，皆放還家。」於是「郡境翕然，威信大著。」〔註186〕又蕭梁時，臧嚴歷監義陽、武寧郡，累任皆蠻左，前郡守常選武人，以兵鎮之。嚴獨以數門生單車入境，群蠻悅服，遂絕寇盜。〔註187〕選擇良吏出任地方，以文綏服蠻夷，也是中央統治者管理蠻夷的重要舉措。總之，巴州的設置、良吏的個人作用，使蠻夷開始順服於蕭齊政權的統治，一定程度上扭轉了劉宋末年統治較為混亂的局面。

二、蕭齊廢省巴州的原因

永明元年，巴州被廢省。究其原因：首先，由於巴州刺史明慧照任職期間，政績突出，蠻患也隨之減輕，蕭齊政權實現了最初「布恩惠之化」和「綏懷蠻蜑」〔註188〕的政治目的。隨之而來的是，巴州的存在逐漸失去了原有的政治作用和意義。當時僅憑一郡的軍事力量，即可解決蠻患問題。如《南齊書·蠻傳》載：永明初，「向宗頭與黔陽蠻田豆渠等五千人為寇，巴東太守王圖南遣府司馬劉僧壽等斬山開道，攻其砦，宗頭夜燒砦退走。」〔註189〕

其次，為了保持原有政區的穩定。巴東、建平原均是荊州名郡，二郡割屬巴州，進一步削弱了荊州的力量。與之相同，巴、涪陵二郡，尤其是益州大郡巴郡的分割，無疑也弱化了益州的實力。縱觀蕭齊，州級政區區劃的總體特點是，除新置的巴州以及豫州、南豫州時常分合外，其他州所轄區域無大的變動。〔註190〕李文才認為，蕭齊始加強益州地區的經略，蕭道成曾計劃派遣宗室出任

〔註184〕《南齊書》卷五十八《蠻傳》，第 1008 頁。

〔註185〕《南齊書》卷五十四《高逸傳》，第 927～928 頁。

〔註186〕《梁書》卷五十三《良吏傳》，第 772 頁。

〔註187〕《梁書》卷五十《文學傳下》，第 719 頁。

〔註188〕《南齊書》卷五十四《高逸傳》，第 928 頁。

〔註189〕《南齊書》卷五十八《蠻傳》，第 1008 頁。

〔註190〕《中國行政區劃通史·三國兩晉南朝卷（下冊）》，第 1041～1139 頁。

益州刺史。惜道成死的早，未能如願。至其子蕭賾，終於在永明二年（484）派皇子鑒出任益州刺史，都督益、寧二州。〔註191〕最終巴、涪陵二郡的還屬，當也是配合益州政治、軍事戰略地位上升的趨勢。除此之外，雖然東晉、劉宋中央政權都曾力圖削弱荊州的實力，尤其元嘉二十六年割荊州襄陽、南陽、新野、順陽四郡屬雍州。大明中孝武帝又施行了「實土郡縣」，再次將荊州部分郡縣割屬雍州。〔註192〕最終原屬荊州的北部都劃給雍州。此外，劉宋曾三次割荊州分置湘州。最終於元嘉三十年設立了湘州〔註193〕，大為縮減了荊州政區的範圍。孝建元年再次分割荊州設置郢州〔註194〕，荊州的實力又一次被削弱。然如過分劃割荊州，必然讓他州壓過荊州成為重心，重蹈各州間的不平衡格局。這也是統治者不願看到的。傅樂成《荊州與六朝政局》認為：「諸州各不相下，使西部失卻重心者，實受宋、齊以來過分割裂之影響也。」〔註195〕其實，西部沒有重心，各州實力均衡才是下游建康政權的真實目的。終蕭齊一代，出任荊州刺史者悉是宗室，加之典簽之權加重〔註196〕，足以牽制荊州。因此還巴東、建平二郡屬荊州，穩定地方，以發揮荊州在中上游的軍事作用，才是中央所應採取的措施。無需多言，巴州的設置當是一時權宜之計。

最後，統治者都清醒地認識到，荊州獨有的戰略地位是其他州所無法取代的。雖然南朝齊、梁有「荊州本畏襄陽人」〔註197〕或「江陵素畏襄陽人」〔註198〕之說，但兩州實力相當。蕭齊時期，荊州（統轄護南蠻校尉〔註199〕）經濟實力仍十分雄厚。據《南齊書·豫章文獻王傳》載：「荊州資費歲錢三千

〔註191〕 李文才：《南北朝時期益梁州政區研究》，商務印書館 2002 年版，第 288～302 頁。

〔註192〕 《宋志三》雍州刺史條，第 1135～1136 頁；《廿二史考異》卷二十三宋書一雍州條，第 405～406 頁；《宋書校議》，第 152～155 頁。

〔註193〕 《宋志三》湘州刺史條，第 1129 頁。

〔註194〕 《宋志三》郢州刺史條，第 1124 頁；《宋書校議》，第 155 頁。

〔註195〕 《臺灣學者中國史研究論叢——政治與權力》，第 207 頁。

〔註196〕 趙翼著、王樹民校證：《廿二史劄記校證》卷十二齊制典簽之權太重條，中華書局 1984 年版，第 250～252 頁。

〔註197〕 《梁書》卷一《武帝紀上》，第 4 頁。

〔註198〕 《梁書》卷十《蕭穎達傳》，第 187 頁。關於「江陵素畏襄陽人」的解釋，參見陳寅恪：《述東晉王導之功業》，收入《金明館叢稿初編》，第 71～77 頁；何德章：《釋「荊州本畏襄陽人」》，魏晉南北朝史學會編：《魏晉南北朝史研究》，湖北人民出版社 1996 年版，第 191～199 頁（後收入氏著《魏晉南北朝史叢稿》，商務印刷館 2010 年版，第 311～319 頁）。

〔註199〕 《南齊書》卷十六《百官志》，第 328 頁。

萬，布萬匹，米六萬斛，又以江、湘二州米十萬斛給鎮府。……南蠻資費歲三百萬，布萬匹，棉千斤，絹三百匹，米千斛，近代莫比也。」〔註200〕又，永明六年，依齊武帝詔，荊州出資五百萬，置常平倉。荊州所出錢遠遠超過郢州、湘州，和雍州並齊。如《通典‧食貨》載：「齊武帝永明中，天下米穀布帛賤。上欲立常平倉，市積為儲。六年詔……揚州出錢千九百一十萬，……荊州五百萬，郢州三百萬，……湘州二百萬，……雍州五百萬。」〔註201〕

初，梁武帝起兵雍州，極力拉攏荊州從事蕭穎冑，也是出於荊、雍二州「唇亡齒寒，自有傷弦之急」〔註202〕的考慮。荊州刺史常兼都督雍州，使荊州依然號稱「陝西」〔註203〕。齊武帝還建平、巴東二郡屬荊州，也意在增強其勢力，以緩解北魏軍事壓力。其實，齊高帝已開始加強荊州的軍事、經濟實力。如史載：齊高帝時，北魏有伐齊的動向，「上思為經略」，乃詔曰：「荊楚領駕遐遠，任寄弘隆。自頃公私凋盡，綏服之宜，尤重恒日。」並任蕭嶷為都督荊湘雍益梁寧南北秦八州諸軍事、南蠻校尉、荊湘二州刺史。〔註204〕又《南齊書‧豫章文獻王傳》曰：建元二年春，虜寇司、豫二州，荊湘二州刺史蕭嶷表遣南蠻司馬崔慧景北討，又分遣中兵參軍蕭惠朗援司州，屯西關。〔註205〕《南齊書‧蠻傳》云：「（南襄城蠻）秦遠又出破臨沮百萬砦，殺略百餘人。北上黃蠻文勉德寇汶陽，……荊州刺史豫章王遣中兵參軍劉伾緒領千人討勉德，至當陽，勉德請降，收其部落，使戍汶陽所治城子，領保持商旅，付其清通，遠遂逃竄。」〔註206〕

上述政治措施和軍事舉動，都是以荊州為中心，目的是應對北魏的侵擾和鎮撫蠻夷。最終撤銷巴州，當與荊州所處的重要政治、軍事地位息息相關。其根本點在於荊州政治地理的重要性是他州所無法取代的。

綜上述，巴州設置的主要原因是劉宋末年，該地區經濟遭到嚴重破懷，行政統治秩序也因內訌和民族矛盾，失去了作用。蕭齊為了能在該地域重新獲取

〔註200〕《南齊書》卷二十二《豫章文獻王傳》，第407頁。
〔註201〕《通典》卷十二《食貨》十二，第70頁。
〔註202〕《梁書》卷一《武帝紀上》，第4頁。
〔註203〕《南齊志下》云：「周公主陝東，召公主陝西，故稱荊州為陝西也。」第273頁。
〔註204〕《南齊書》卷二十二《豫章文獻王傳》，第407頁。
〔註205〕《南齊書》卷二十二《豫章文獻王傳》，第408頁。
〔註206〕《南齊書》卷五十八《蠻傳》，第1007～1008頁。

豐富的經濟資源，緩和蠻夷和內地的矛盾以及恢復有效的統治，最終設置一級地方行政區巴州，以便集中加強對該區域的管轄。由於蕭齊統治措施有力、用人得當，基本恢復了對該地區有序的管轄。但巴州的設置也在一定程度上，削弱了荊州、益州的實力，尤其是如過分弱化荊州的力量，對於穩定中上游的統治和對抗北魏的入侵都是不利的。最終，蕭齊撤銷了巴州，四郡也各還屬本州。

圖 3.3：蕭齊建元四年（482）巴州政區圖

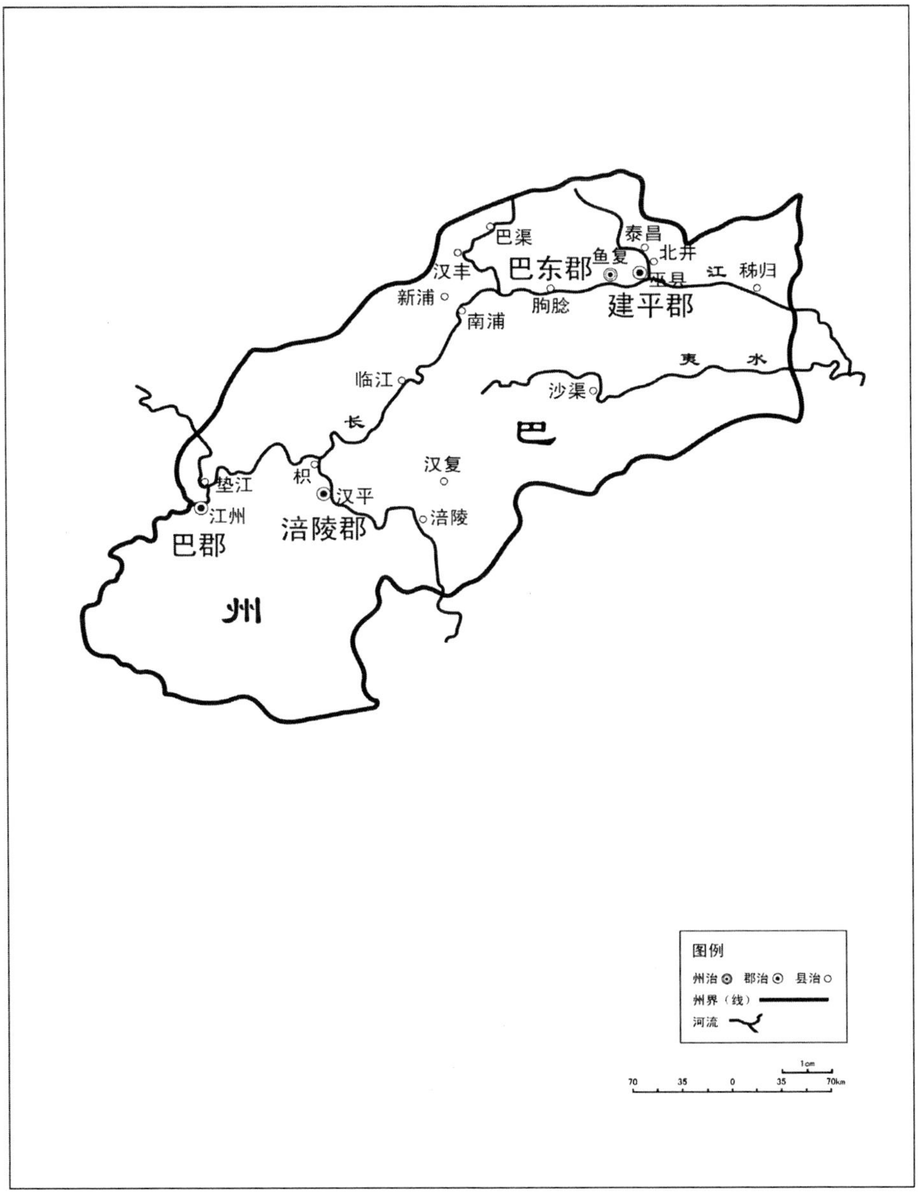

第四章　蕭梁荊州政治地理研究（兼論雍、郢、湘州）

第一節　蕭梁荊州政區的沿革——兼及湘、郢、雍州

一、荊州政區沿革

荊州，普通四年（523），分益州置信州。度巴東、建平二郡屬信州。〔註1〕則普通四年領郡十。後，又置南安湘郡，旋廢。〔註2〕大寶元年（550），湘東王蕭繹割宜都郡置宜州。〔註3〕則大寶元年當領郡九。又《梁書·元帝紀》曰：承聖三年（554），西魏攻陷江陵城，「徐世譜、任約退戍巴陵」。《周書·文帝紀》亦云：西魏恭帝元年（554），於瑾至江陵，攻之，其日克之，擒梁元帝，殺之。

〔註1〕《梁書》卷三《武帝紀》，第 67 頁。又《隋志上》巴東郡條云：「梁置信州，後周置總管府……統縣十四……巫山，舊置建平郡。」第 825 頁。則建平郡亦當度屬信州。

〔註2〕《隋志下》巴陵郡條曰：「華容，舊曰安南，梁置南安湘郡，尋廢。」第 895 頁；《方輿紀要》卷七十七湖廣三岳州府華容縣條引劉昀曰：「梁封蕭駿為安南侯，又置南安（湘）郡於此，郡尋廢。」第 3634 頁；胡阿祥以為南安湘郡當置於 546 年前（《六朝疆域與政區研究》第十五章第二節《梁政區建製表》），第 489 頁。從之。

〔註3〕《通鑑》卷一百六十三梁紀十九簡文帝大寶元年，第 5050 頁。又《隋志下》夷陵郡條亦云：「梁置宜州。」第 889 頁。然中華書局本《寰宇記》卷之一百四十七山南東道六峽州條曰：「梁武帝天監中於此置宜州，以舊宜都為州名。」第 2860 頁。今從《通鑑》。

並立「蕭詧為梁主，居江陵，為魏附庸」。〔註4〕則承聖三年（554）蕭梁失江陵。又《北齊書·王琳傳》云：王琳遣別將侯平攻後梁，侯平雖不能渡江，然頻破後梁軍。梁敬帝太平元年（556），後梁主蕭詧擊侯平於公安，侯平與長沙王蕭韶引兵還長沙。王琳遣侯平鎮巴州。〔註5〕則長江以南諸郡名義上仍屬蕭梁。承聖三年，西魏陷沒江北的武寧郡、汶陽郡、永寧郡、新興郡、南郡五郡。

（一）南郡沿革

南郡，增安居縣來屬，梁末又廢省編縣。大寶元年當仍領縣六，仍治江陵縣。又《梁書·簡文帝紀》云：太清三年（549），封臨城公蕭大連為南郡王。與之相反，《梁書·蕭大連傳》則曰：大寶元年，封蕭大連為南郡王；二年秋，遇害。〔註6〕不知孰是，暫兩存之。大寶二年當還為郡。

1、江陵，《梁書·杜崱附兄岸傳》曰：太清中（547～549年），封杜岸為江陵縣侯。〔註7〕承聖三年城陷，國當除。

2、華容，《南史·蕭統附子歡傳》云：中大通三年（531），立蕭統長子華容公歡為豫章郡王。〔註8〕則梁仍為公國，中大通三年除為縣。又，太清中，封杜幼安為華容縣侯。〔註9〕則梁仍為侯國，承聖三年國當除。

3、枝江，《梁書·蕭譽傳》曰：普通二年，封蕭譽為枝江縣公；中大通三年，改封為河東郡王。〔註10〕然普通二年又當封元景仲為枝江縣公；太清二年（548），元景仲預侯景之亂，後自縊而死。〔註11〕同年，封杜崱為枝江縣

〔註4〕 《梁書》卷五《元帝紀》，第135頁；〔唐〕令狐德棻等撰：《周書》二《文帝紀》，中華書局1971年版，第36頁。

〔註5〕 〔唐〕李百藥撰：《北齊書》卷三十二《王琳傳》，中華書局1972年版，第433頁；《通鑑》卷一百六十六梁紀二十二，第5142頁。

〔註6〕 《梁書》卷四《簡文帝紀》，第105頁；《梁書》卷四十四《蕭大連傳》，第616頁。

〔註7〕 《梁書》卷四十六《杜崱附兄岸傳》，第643頁。

〔註8〕 《南史》卷五十三《蕭統附子歡傳》，第1312頁。又，從下文蕭懌弟蕭譽於521年被封枝江縣公，推測其被封華容縣公當在521年。

〔註9〕 《梁書》卷四十六《杜崱附弟幼安傳》，第643頁。

〔註10〕 《梁書》卷五十五《蕭譽傳》，第829頁。

〔註11〕 《梁書》卷三十九《元法僧附子景仲傳》，第554頁；〔唐〕姚思廉撰：《陳書》卷一《高祖紀》，中華書局1972年版，第3頁。又，蕭梁「大通」無三年，則《梁書·元法僧附子景仲傳》文中的「大通三年」當為「中大通三年」。此外，據《梁書·蕭譽傳》載：中大通三年，蕭譽方從枝江縣公進封為河東郡王，元景仲不當於此前被封枝江縣公。則《梁書·元法僧附子景仲傳》所載恐誤。

侯；大寶二年，進爵為公。〔註12〕則普通二年至太清二年仍為公國。太清二年至大寶二年為侯國。大寶二年至承聖三年復為公國。

4、臨沮，天監元年，封江淹為臨沮縣開國伯；同年，又改封為醴陵侯（按：當為伯）。〔註13〕則天監元年當除國。

5、編，《方輿紀要》云：「晉、宋以後仍屬南郡，蕭梁末廢，亦謂之編都城。」〔註14〕則蕭梁仍屬，後廢省。

6、當陽，仍為子國，承聖三年國當除。天監初，封鄧元起為當陽縣侯；天監四年（505），國當除。〔註15〕又，北魏永平二年，元英拔武陽關，擒蕭衍當陽縣開國伯徐元季等。〔註16〕伯國當立於天監元年，天監八年（509）當還為縣。此外，《梁書・蕭大心傳》曰：中大通四年，封蕭大心為當陽公；大寶元年，進封為尋陽王。與之不同，《梁書・簡文帝紀》則云：太清三年，封蕭大心為尋陽王。〔註17〕不知孰是，暫兩存之。則中大通四年至太清三年或大寶元年為公國。

7、安居，《宋志》、《南齊書》無。《隋志》云：「梁又置安居縣。」〔註18〕《歷代輿地沿革圖》有之。〔註19〕確址乏考，當治今湖北當陽縣一帶。

（二）南平郡沿革

南平郡，仍領縣四，仍領有孱陵縣，其他三縣政區沿革詳下文。仍治孱陵縣。又，天監十七年（518），改封建安王蕭偉為南平王。〔註20〕則天監十七年仍為王國。承聖三年當除國。

1、作唐，據《梁書・蕭穎達傳》載：蕭衍受禪，「改封（蕭）穎達作唐

〔註12〕《梁書》四十六《杜崱傳》，第642頁。

〔註13〕《梁書》卷十四《江淹傳》，第251頁。中華書局點校本引張森楷《梁書校勘記》以為：「非改封醴陵侯，乃改封醴陵伯。」第259頁。從之。

〔註14〕《方輿紀要》卷七十七湖廣三荊門州編縣城條，第3594頁。

〔註15〕《梁書》卷十《鄧元起傳》，第198頁。又《通鑒》卷一百四十六梁紀二武帝天監四年載：505年，「（蕭）淵藻恚，因醉」，誣鄧元起謀反，「殺之」。第4550頁。今從《通鑒》所載。

〔註16〕《魏書》卷八《世宗紀》，第207頁。

〔註17〕《梁書》卷四十四《蕭大心傳》，第613頁；《梁書》卷四《簡文帝紀》，第105頁。

〔註18〕《隋志下》南郡當陽條，第888頁。

〔註19〕《歷代輿地沿革圖》五「蕭梁疆域圖」（楊守敬：《歷代輿地沿革圖》，臺北聯經出版事業公司影印1981年版）。

〔註20〕《梁書》二《武帝紀》，第58頁。

侯」。〔註21〕又，江祿「後為作唐侯相，卒」。〔註22〕則天監元年始為侯國，承聖元年當除國。

2、江安，《方輿紀要》云：「晉平吳，分孱陵置江安縣……梁改縣曰公安。」〔註23〕孱陵縣改名當在大寶元年後。又《梁書·江夷附祿傳》曰：蕭衍受禪，以功封張稷為江安縣侯；天監十二年被害，「有司奏削爵土」。又，大寶元年，江安侯蕭圓正等勸蕭繹即帝位。〔註24〕則天監元年至天監十二年為侯國。大寶元年前復置侯國，承聖三年當除國。

3、安南，中大同元年（546）前，當度安南縣屬南安湘郡，尋省南安湘郡，並還安南縣屬南平郡，詳本節荊州郡條。

（三）天門郡沿革

天門郡，仍領縣四，仍領有澧陽、零陽、臨澧、漊中四縣。仍治澧陽縣。

（四）南義陽郡沿革

南義陽郡，增安鄉縣來屬。大寶元年當領縣三，仍領有平氏、厥西二縣，安鄉縣政區沿革詳下文。後徙治於安鄉縣。

1、安鄉，《方輿紀要》云：「東晉僑置南義陽郡，梁又置安鄉縣為南義陽郡治。」〔註25〕《補梁志》卷三荊州南義陽郡條無安鄉縣。恐誤。治今湖南安鄉縣。

（五）河東郡沿革

河東郡，仍領縣四，仍領有聞喜、譙二縣，其他二縣政區沿革詳下文。仍僑寄今湖北松滋縣西北。又，中大通三年，改封蕭譽河東郡王；大寶元年，被害。〔註26〕當除國。

1、松滋，北魏永平二年，元英擒蕭衍松滋縣開國侯馬廣；後，蕭梁乃更封鄧元起後人為松滋縣侯，〔註27〕當封於天監八年。則天監元年起當為侯國。

〔註21〕《梁書》卷十《蕭穎達傳》，第189頁。
〔註22〕《南史》卷三十六《江夷附祿傳》，第945頁。
〔註23〕《方輿紀要》卷七十八湖廣四荊州府公安縣條，第3665頁。
〔註24〕《梁書》卷十六《張稷傳》，第272頁；《梁書》卷五《元帝紀》，第114頁。
〔註25〕《方輿紀要》卷七十七湖廣三灃州安鄉縣條，第3641頁。
〔註26〕《梁書》卷五十五《蕭譽傳》，第829頁；《梁書》卷五《元帝紀》，第114頁。
〔註27〕《魏書》卷八《世宗紀》，第207頁；《梁書》卷十《鄧元起傳》，第200頁。
　　　　另外，詳本節南郡當陽縣條。

承聖三年國當除。

2、永安，天監中，王錫「以戚屬」被封為永安侯；後，又徙封蕭確為永安侯。〔註28〕則王錫、蕭確二人均被封為永安縣侯。承聖三年國當除。

（六）汶陽郡沿革

汶陽郡，仍領縣三，仍領有高安、僮陽、沮陽三縣。仍治高安縣。

（七）新興郡沿革

新興郡，改新豐縣為安興縣，詳下文。仍領縣三。仍僑寄今湖北江陵縣東北。又，大寶元年，封蕭大莊為新興郡王；二年秋，遇害。」〔註29〕則大寶二年當除國。

1、定襄，據《南史·蕭偉附子祗傳》載：天監中，封蕭祗為定襄縣侯。〔註30〕則蕭梁仍為侯國。承聖三年國當除。

2、廣牧，《梁書·張弘策附蕭域傳》曰：天監初，封庾域為廣牧縣子；天監四年，進爵為伯。〔註31〕承聖三年國當除。

3、安興，《方輿紀要》曰：「梁改新豐為安興縣」。〔註32〕又《隋志》云：「舊置廣牧縣，開皇十一年省安興縣入。」〔註33〕則蕭梁仍屬。

（八）永寧郡沿革

永寧郡，仍領縣一。仍僑寄今湖北荊門市北。又，世祖蕭繹即位（552年），改封王僧辯為永寧郡公；天成元年（555），陳霸先襲殺王僧辯。〔註34〕國當除。

1、長寧，大寶二年，世祖蕭繹「策動行賞」，封王僧辯為長寧縣公；三年，改封為永寧郡公。〔註35〕則大寶二年至大寶三年為公國。

〔註28〕《梁書》卷二十一《王份傳》，第 326 頁；《梁書》卷二十九《邵陵王綸傳》，第 436 頁。

〔註29〕《梁書》卷四十四《蕭大莊傳》，第 615 頁。

〔註30〕《南史》卷五十二《蕭偉附子祗傳》，第 1294 頁。

〔註31〕《梁書》卷十一《張弘策附蕭域傳》，第 208 頁。

〔註32〕《方輿紀要》卷七十八湖廣四荊州府安興城條，第 3656 頁。

〔註33〕《隋志下》南郡安興條，第 888 頁。

〔註34〕《梁書》卷四十五《王僧辯傳》，第 629 頁、第 635 頁。

〔註35〕《梁書》卷五十五《王僧辯傳》，第 626 頁、第 629 頁。又《通鑑》卷一百六十四梁紀二十元帝承聖元年亦曰：「（大寶二年）湘東王繹以尚書令王僧辯為江州刺史，……（承聖元年五月）甲申，以王僧辯為司徒。鎮衛將軍，封長寧公。」第 5072 頁、第 5088 頁。

（九）武寧郡沿革

武寧郡，增置旌陽縣屬，後改名為惠懷縣。又《南史·江夷附祿傳》曰：「（江）祿先為武寧郡，頗有資產，積錢於壁，壁為之倒。」〔註36〕則蕭梁仍屬。大寶元年當領縣三，仍領有樂鄉縣，其他二縣政區沿革詳下文。仍治樂鄉縣。此外，大寶元年，立皇子蕭大威為武寧郡王；二年（551），被害。〔註37〕當除國。

1、長林，《隋志》曰：「長林，舊曰長寧，開皇十一年省長林縣入。」〔註38〕《補梁書》卷三荊州武寧郡條有。〔註39〕從之。

2、惠懷，《隋志》云：「樂鄉，舊置武寧郡。……又梁置旌陽縣，後改名惠懷。」〔註40〕則蕭梁當屬。

（十）南安湘郡沿革

南安湘郡，領縣一，詳本節荊州條。治今湖南華容縣。

1、安南，詳本節南平郡安南縣條。

（十一）宜都郡沿革

宜都郡，仍領縣四，仍治夷道縣。大寶元年度屬宜州，詳上文荊州條。又，太清三年，封臨湘公蕭大封為宜都王；大寶元年，蕭大封奔江陵，湘東王蕭繹承制，乃封大封為汝南王。〔註41〕則太清三年至承聖元年仍為王國。

1、夷道，《陳書·樊毅傳》曰：梁元帝（552～554年）在位，封樊毅為夷道縣伯，「尋除天門太守，進爵為侯」。〔註42〕承聖三年當除國。

2、夷陵，《梁書·裴邃傳》曰：天監五年（506），以功封裴邃為夷陵縣子；普通五年，進爵為侯。〔註43〕承聖三年當除國。

3、宜昌，《寰宇記》：「陳文帝天嘉元年於漢夷道縣城置宜都縣。」〔註44〕

〔註36〕《南史》卷三十六《江夷附祿傳》，第944～945頁。

〔註37〕《梁書》卷四《簡文帝紀》，第107頁、第108頁。

〔註38〕《隋志下》南郡長林條，第888頁。

〔註39〕《補梁疆域志》，第4406頁。

〔註40〕《隋志下》竟陵郡樂鄉條，第889頁。

〔註41〕《梁書》卷四《簡文帝紀》，第105頁；《南史》卷五十四《蕭大封傳》，第1342頁。

〔註42〕《陳書》卷三十一《樊毅傳》，第415頁。

〔註43〕《梁書》卷二十八《裴邃傳》，第414～415頁。

〔註44〕中華書局本《寰宇記》卷之一百四十七山南東道六峽州宜都縣條，第2863頁。

與之不同，《方輿紀要》則曰：「宜昌廢縣在縣東，晉末置，屬宜都郡，宋、齊因之，梁改為宜都縣。」〔註45〕不知孰是，暫兩存之。又《北史·藝術傳上》曰：「西臺建（552年）」，蕭繹封庾季才為宜昌伯。〔註46〕承聖三年當除國。

4、倨山，《方輿紀要》曰：「晉太康元年改（倨山）曰興山，後復為倨山縣，隋廢。」〔註47〕則蕭梁當因之。《補梁志》卷三宜州宜都郡條無。恐誤。

（十二）巴東郡沿革

巴東郡，《補梁志》有陽口縣，無聶陽縣。〔註48〕暫從之。大寶元年當領縣七，仍領有朐䏜、巴渠、漢豐三縣，其他四縣政區沿革詳下文。仍治魚復縣。普通四年度屬信州，詳本節荊州條。據《周書·田弘傳》載：「平蜀以後（553年），梁信州刺史蕭韶等各據所部，未從朝化，詔（田）弘討平之。」至魏廢帝二年八月，西魏佔據蜀地。〔註49〕則承聖三年蕭梁當失巴東、建平二郡。又，天監元年，蕭衍受禪，封蕭穎胄為巴東郡開國公。〔註50〕則蕭梁仍為公國。承聖三年當除國。

1、魚復，據《陳書·樊毅傳》曰：樊毅祖方輿，為梁魚復縣侯。〔註51〕當在梁天監時封。承聖三年當除國。

2、南浦，《梁書·蕭子恪附弟子雲傳》曰：普通六年（525），蕭推「以王子例封」為南浦侯。〔註52〕承聖三年當除國。

3、陽口，《補梁志》曰：「《寰宇記》梁置陽口縣。蓋在州西陽水口。」〔註53〕《歷代輿地沿革圖》有之。〔註54〕從之。

4、新浦，《梁書·蕭子恪附弟子雲傳》云：天監初，降新浦縣侯蕭子雲爵為子。〔註55〕當在天監元年置。承聖三年當除國。

〔註45〕《方輿紀要》卷七十八湖廣四夷陵州夷道城條，第3685頁。

〔註46〕〔唐〕李延壽：《北史》卷八十九《藝術傳上》，中華書局1974年版，第2947頁。

〔註47〕《方輿紀要》卷七十八湖廣四夷陵州倨山城條，第3683頁。

〔註48〕《補梁志》卷四信州巴東郡條，第4426頁。

〔註49〕《周書》卷二十七《田弘傳》，第449頁；同書卷二《文帝紀下》，第34頁。

〔註50〕《梁書》卷十《蕭穎達傳》，第189頁。

〔註51〕《陳書》卷三十一《樊毅傳》，第415頁。

〔註52〕《梁書》卷三十五《蕭子恪附弟子雲傳》，第346頁。

〔註53〕《補梁志》卷四信州巴東條，第4426頁。

〔註54〕《歷代輿地沿革圖》五「蕭梁疆域圖」。

〔註55〕《梁書》卷三十五《蕭子恪附弟子雲傳》，第513頁。又《梁書》卷二《武帝紀中》載：「詔曰：『齊世王侯封爵，悉皆降省。』」第35頁。

（十三）建平郡沿革

建平郡，《補梁志》無新鄉縣。〔註56〕暫從之。蕭梁初當領縣六，仍領有巫、北井、泰昌三縣，其他三縣政區沿革詳下文。普通四年度建平郡屬信州，詳本節荊州條。又，大通元年（527）前，當省秭歸縣。後，度歸鄉縣屬信陵郡。大寶元年當領縣四。仍治巫縣。此外，大寶元年，封蕭大球為建平郡王；二年秋，遇害。〔註57〕則大寶元年至二年為王國。

1、秭歸，《梁書·儒林傳》云：「嚴植之字孝源，建平秭歸人也。」〔註58〕普通八年前當又廢省，詳下文歸鄉縣條。《補梁志》卷四信州建平郡條無。

2、沙渠，《元和志》曰：「吳分立沙渠縣，至梁、陳不改。」又《方輿紀要》云：「三國吳分置沙渠縣，屬建平郡，晉以後因之。後周於縣地置施州及清江郡。隋開皇……五年改沙渠曰清江。」又《隋志》云：「後周置施州及清江郡。開皇初郡廢，五年置清江縣。」〔註59〕則蕭梁當有沙渠。隋改名。《補梁志》卷四信州建平郡條無。恐誤。

3、歸鄉，《南齊志》無，《補梁志》卷四信州建平郡條有。《隋志》曰：「巴東，舊曰歸鄉，梁置信陵郡。」〔註60〕又《方輿紀要》云：梁於歸鄉縣置信陵郡。〔註61〕則蕭梁當復立。《水經注》曰：「（江水）又東過秭歸縣之南，（酈道元注曰：『）縣，故歸鄉……南臨大江……江水又東逕歸鄉縣故城北……縣城南面重嶺，北背大江。』」則當於普通八年前省秭歸縣〔註62〕。徙歸鄉縣於此，故歸鄉縣舊址當廢棄。

〔註56〕《補梁志》卷四信州建平郡條，第4427頁。
〔註57〕《梁書》卷四十四《蕭大球傳》，第617～618頁。
〔註58〕《梁書》卷四十八《儒林傳》，第671頁。
〔註59〕《元和志》卷第三十江南道六施州條，第752頁；《方輿紀要》卷八十二湖廣八施州衛清江廢縣條，第3857頁；《隋志下》清江郡清江條，第890～891頁。又《中國歷史地圖集》第四冊《南北朝時期圖組》亦有，第42～43頁。
〔註60〕《隋志上》巴東郡巴東條，第825頁。
〔註61〕《方輿紀要》卷七十八湖廣四歸州巴東縣條，第3693頁。
〔註62〕《水經注校證》卷三十四江水，第791頁。《魏書》卷八十九《酈道元傳》曰：「是時雍州刺史蕭寶寅反狀稍露……朝廷遣（酈道元）為關右大使，遂為寶寅所害。」第1926頁；又《魏書》卷九《肅宗紀》云：孝昌三年（527）十月，「雍州刺史蕭寶寅據州反。」第247頁。則酈道元當死於此年，《水經注》訖年亦當在孝昌三年。

二、湘州政區沿革

湘州，天監六年（507）四月，分湘、廣二州置衡州。〔註63〕則當度始興、桂陽二郡屬衡州。〔註64〕天監六年當領郡八。天監十四年，改營陽郡名為永陽郡。〔註65〕中大通三年前，增置岳陽郡。〔註66〕大同六年（540），度始安郡屬桂州。〔註67〕又，中大同元年（546）前，增置藥山郡。〔註68〕太清二年前，度岳陽、藥山二郡置羅州。〔註69〕大寶元年前，增置樂梁郡。〔註70〕則大寶元年當領郡八。承聖元年前（552），度營陽郡屬營州。〔註71〕則承聖元年當領郡七。

〔註63〕《梁書》卷二《武帝紀中》，第45頁。然《梁書》卷二十四《蕭景弟昌傳》云：「（天監）九年（510），「分湘州置衡州，以（蕭）昌為持節、督廣州之綏建湘州之始安諸軍事、信威將軍、衡州刺史，坐免。」第370頁。今從《武帝紀》。

〔註64〕《梁書》卷三十二《蘭欽傳》曰：「又假（蘭）欽節，都督衡州三郡兵，討桂陽、陽山、始興叛蠻，至即平破之。」第466頁。則桂陽、始二郡時屬衡州。

〔註65〕《宋本寰宇記》卷第一百一十六江南西道十四道州條曰：「梁天監十四年改為永陽郡。」，第204頁；《輿地紀勝》卷第二十八荊湖南路道州永陽郡條引《寰宇記》曰：「梁改永陽郡（在天監十四年）。」第554頁。

〔註66〕《梁書》卷三《武帝紀下》云：中大通三年（531）六月，立「曲阿公誉為岳陽郡王。」第75頁；《隋志下》巴陵郡湘陰條亦云：「梁置岳陽郡。」第895頁；《通典》卷第一百八十三州郡十三古荊州巴陵郡湘陰條亦曰：「秦羅縣，梁置岳陽郡。」（杜佑著，長澤規矩也、尾崎康校，長沢、尾崎編，韓昇譯：《北宋版通典》，日本宮內廳書陵部藏，第七卷，上海人民出版社2008年版），第42頁。

〔註67〕《梁書》卷三《武帝紀下》云：「（大同六年十二月），置桂州於湘州始安郡，受湘州督。」第85頁。

〔註68〕《隋志下》巴陵郡沅江條云：「梁置，曰藥山，仍為郡。」第895頁。《輿地廣記》卷第二十八荊湖北路下岳州沅江縣條曰：「漢益陽縣地。梁置藥山郡及藥山縣。」第807頁。胡阿祥以為藥山郡與縣當於546年前立（參見《梁政區建製表》，載《六朝疆域與政區研究》第十五章第二節），第490頁。從之。

〔註69〕《隋志下》巴陵郡湘陰條曰：「梁置岳陽郡及羅州。」第895頁；《輿地紀勝》卷第六十九荊湖北路岳州州沿革岳州下條云：「梁元帝又置羅州。」第619頁；《梁書》卷八《閩懷太子傳》載：「太清初（547～549年），（以蕭方矩）為使持節、督湘郢桂寧成合羅七州諸軍事、鎮南將軍、湘州刺史。」第173頁。

〔註70〕《梁書》卷四《簡文帝紀》曰：大寶元年十月，「（立皇子）大圜為樂梁郡王。」第107頁。胡阿祥以為當於546年前立（參見《梁政區建製表》，載《六朝疆域與政區研究》第十五章第二節），第490頁。從之。

〔註71〕《通鑑》卷一百六十四梁紀二十元帝承聖元年（552）云：「侯景之亂（549～552年），零陵人李洪雅據其郡，上即以為營州刺史。」又，胡三省注：「營陽郡，漢零陵郡之地，故因置營州。」第5095頁。

（一）長沙郡沿革

長沙郡，天監元年仍領縣七，仍領有建寧縣、吳昌、湘陰、羅四縣，後三縣政區沿革詳本節岳陽郡條。又，臨湘、醴陵、瀏陽三縣政區沿革詳下文。中大通三年前，度湘陰、吳昌、羅三縣屬岳陽郡。則中大通三年當領縣四。仍治臨湘縣。又，天監元年，梁武帝追封兄蕭懿為長沙郡王。〔註72〕則蕭梁仍為王國。陳永定元年（557），當除國。

1、臨湘，據《梁書·孝行傳》載：「時有徐普濟者，長沙臨湘人。」〔註73〕則蕭梁仍屬。

2、醴陵，《梁書·江淹傳》曰：天監元年，改封江淹為醴陵侯（按：當作伯）；後，江淹子蒍襲封嗣，「有罪削爵」。〔註74〕

3、瀏陽，《梁書·蕭大雅傳》云：大同九年（543），封蕭大雅為瀏陽縣公。〔註75〕陳永定元年（557）當國除。

（二）湘東郡沿革

湘東郡，度桂陽郡耒陽縣來屬。並增湘潭縣屬，詳下文湘潭縣條。大寶元年當領縣八，仍領有茶陵、陰山二縣，其他六縣政區沿革詳下文。又，天監十三年，立皇子繹為湘東郡王；〔註76〕承聖元年，蕭繹即位，當還國為郡。則天監十三年至承聖三年復為王國。

1、臨烝，《陳書·周鐵虎傳》曰：「（蕭）譽遷湘州，（周鐵虎）又為臨烝（按：「蒸」同「烝」）令。」〔註77〕則蕭梁當有。

2、常寧，《方輿紀要》云：「三國吳析置新寧縣……梁改曰常寧，陳復舊。」〔註78〕又《元和志》曰：「天寶元年改名常寧。」〔註79〕從之。

3、攸，據《北史·儒林傳》載：鄱陽王蕭恢之孫該，「少封為攸侯。荊州平，與何妥同至長安」。〔註80〕承聖三年當廢省。

〔註72〕《梁書》卷二《武帝紀中》，第35頁。
〔註73〕《梁書》卷四十七《孝行傳》，第648頁。
〔註74〕《梁書》卷十四《江淹傳》，第251頁。又，中華書局點校本《梁書》引張森楷《梁書校勘記》認為：「侯」疑當作「伯」。第259頁。從之。
〔註75〕《梁書》卷四十四《蕭大雅傳》，第616頁。
〔註76〕《梁書》卷二《武帝紀中》，第54頁。
〔註77〕《陳書》卷十《周鐵虎傳》，第169頁。
〔註78〕《方輿紀要》卷八十湖廣六衡陽府長寧縣條，第3785頁。
〔註79〕《元和志》卷第二十九江南道五衡州長寧縣條，第706頁。
〔註80〕《北史》卷八十二《儒林傳下》，第2759頁。

4、重安，《梁書・柳慶遠傳》云：天監元年，封柳慶遠為重安侯；二年，改封為雲杜侯。〔註81〕則天監二年當還為縣。

5、耒陽，《方輿紀要》曰：「晉仍屬桂陽郡，宋、齊因之，梁改屬湘東郡。」〔註82〕從之。

6、湘潭，《宋志》、《南齊志》皆無。《元和志》云：「本漢陰山縣，……至梁武天監中分陰山立湘潭縣。」〔註83〕又《南史・蕭恢附子範傳》曰：梁郡陽王蕭恢子範「遣弟湘潭侯退隨葬而下」。〔註84〕陳永定元年當除國。當治今湖南株洲縣王十萬鄉。

（三）衡陽郡沿革

衡陽郡，仍領縣五，仍領有湘鄉、新康二縣，其他三縣政區沿革詳下文。仍治湘西縣。又，天監元年，梁武帝「追封弟齊太常暢為衡陽郡王」。〔註85〕則蕭梁仍為王國。陳永定元年當除國。

1、湘西，《梁書・席闡文傳》云：天監中，改封席闡文為湘西伯。〔註86〕陳永定元年當除國。

2、衡山，《梁書・蕭偉附子恭傳》曰：天監八年，封蕭恭為衡山縣侯。〔註87〕則天監八年始為侯國。陳永定元年當除國。又，何遜著有《為衡山侯與婦書》。〔註88〕

3、益陽，《梁書・王神念附楊華傳》曰：以戰功，封楊華為益陽縣侯，太清中降侯景。〔註89〕承聖元年侯景亡，當除國。

（四）零陵郡沿革

零陵郡，仍領縣七，仍領有泉陵、零陵、觀陽、應陽四縣，其他三縣政區

〔註81〕《梁書》卷九《柳慶遠傳》，第 182 頁 。

〔註82〕《方輿紀要》卷八十湖廣六衡州府耒陽縣條，第 3784 頁。

〔註83〕《元和志》卷第二十九江南道五衡州衡山縣條，第 706 頁。然《補梁志》卷三湘州衡陽郡條以湘潭縣屬衡陽郡（第 4420 頁）此條恐誤，因陰山縣時屬湘東郡，分陰山縣立湘潭縣，湘潭縣當仍屬湘東郡。

〔註84〕《南史》卷五十二《蕭恢附子範傳》，第 1296 頁。

〔註85〕《梁書》卷二《武帝紀中》，第 35 頁。

〔註86〕《梁書》卷十二《席闡文傳》，第 220 頁。

〔註87〕《梁書》卷二十二《蕭偉附子恭傳》，第 348 頁。

〔註88〕收入《六朝文絜》卷三，〔清〕許槤，評選，《四庫備要》本集部總集三，〔清〕高時顯、吳如霖，輯校，上海中華書局 1989 年版，第 18 頁。

〔註89〕《梁書》卷三十九《王神念附楊華傳》，第 557 頁。

沿革詳下文.仍治泉陵縣。

1、洮陽，《梁書·張弘策傳》云：天監初，封張弘策為洮陽縣侯。〔註90〕則蕭梁仍為侯國，陳永定元年當除國。

2、祁陽，據《梁書·蕭子恪附弟子範傳》載：天監初，降蕭子範爵為祁陽子。〔註91〕陳永定元年當除國。又《魏書·世宗紀》曰：北魏正始元年，「擒（蕭衍）祁陽縣開國男趙景悅等十將」。〔註92〕男國當置於天監元年。天監三年當除國。

3、永昌，《梁書·韋叡傳》云：天監二年，改封韋叡為永昌子；五年，進爵為侯。〔註93〕則天監二年至五年為子國。當在陳永定元年除侯國。

（五）永陽郡沿革

永陽郡，仍領縣四，仍領有營浦、泠道二縣，其他二縣政區沿革詳下文。仍治營浦縣。承聖元年前度屬營州，詳本節湘州郡條。又，天監元年，梁武帝追封其兄齊後軍諮議蕭敷為永陽郡王。〔註94〕《故侍中司空永陽昭王（蕭敷）墓誌銘》誌文亦曰：「天監元年四月八日詔曰：『可追贈（蕭敷）侍中司空永陽郡王，……子隆嗣。」〔註95〕則天監元年始為王國。陳永定元年當國除。

1、舂陵，《南史·鮑泉傳》云：王亮舉鮑泉父幾為舂陵令。〔註96〕則蕭梁當有。

2、營道，《梁書·鄭紹叔傳》曰：天監初，封鄭紹叔為營道縣侯。後「以營道縣戶凋敝」，改封為東興縣侯。又《梁書·昌義之傳》云：天監十五年（516），改封昌義之為營道縣侯。〔註97〕則鄭紹叔當在天監十五年改封。陳永定元年當除國。

（六）臨賀郡沿革

臨賀郡，《補梁志》有撫寧縣，無寧新縣。暫從之。又《補梁志》有綏越

〔註90〕《梁書》卷十一《張弘策傳》，第207頁。
〔註91〕《梁書》卷三十五《蕭子恪附弟子範傳》，第510頁。
〔註92〕《魏書》卷八《世宗紀》，第197頁。
〔註93〕《梁書》卷十二《韋叡傳》，第221頁。
〔註94〕《梁書》卷二《武帝紀中》，第35頁。
〔註95〕趙超：《魏晉南北朝墓誌彙編》，天津古籍出版社2008年版，第28頁。
〔註96〕《南史》卷六十二《鮑泉傳》，第1529頁。
〔註97〕《梁書》卷十一《鄭紹叔傳》，第210頁；《梁書》卷十八《昌義之傳》，第293頁。

縣〔註98〕。恐誤。後度開建縣屬南靜郡。〔註99〕大寶元年當領縣七，仍領有臨賀、馮乘、封陽、興安四縣，其他三縣政區沿革詳下文。仍治臨賀縣。又，中大通四年，梁武帝立臨川靖惠王蕭正德為臨賀郡王。〔註100〕則中大通四年始復為王國。陳永定元年當除國。

1、富川，《陳書‧侯安都傳》曰：「克平侯景（552年）」，梁元帝封侯安都為富川縣子；紹泰二年，以功進爵為侯；後又改封為西江縣公。〔註101〕則承聖元年至紹泰二年為子國。紹泰二年始為侯國，尋還為縣。

2、謝沐，《陳書‧淳于量傳》曰：承聖元年，封淳于量為謝沐縣侯。〔註102〕則承聖元年始為侯國。陳永定元年當除國。

3、撫寧，《補梁志》有。暫從之。

（七）樂梁郡沿革

樂梁郡，大同十二年前置，詳本節湘州郡條。大寶元年當領縣二。治蕩山縣。又，大寶元年，立皇子蕭大圓為樂梁郡王。〔註103〕陳永定元年當除國。

1、蕩山，《宋志》、《南齊志》無。《元和志》曰：「蕩山縣，蕭梁於此立縣，隋大業二年省。」〔註104〕《方輿紀要》亦載：「蕩山廢縣，在縣南。梁置，並置樂梁郡治焉。陳因之。隋初廢郡，大業初並廢縣入富川。」〔註105〕治今廣西賀縣西南。

2、游安，《宋志》無。《舊唐志》云：「洊水，漢封陽縣，屬蒼梧郡。南齊改為洊安。」〔註106〕又《隋志》作「游安」。〔註107〕《補陳志》亦曰：「游安

〔註98〕　《補梁志》卷三湘州臨賀郡條，第4420頁。然《隋志下》永平郡條曰：「陳置建陵、綏越……等四郡。平陳，並廢。」第884頁；又《一統志》第30冊卷四百六十七平樂府一綏越廢縣條亦云：「陳置綏越郡。則縣之始置，疑在陳時。」第23865頁。從之。則《補梁志》誤。

〔註99〕　《隋志下》熙平郡條曰：「開建，梁置南靜郡，平陳，郡廢。」第896頁；又《輿地廣記》卷第三十五廣南東路封州開建縣條云：「宋文帝分置開建縣……梁立南靜部。」第1094頁。

〔註100〕《梁書》卷三《武帝紀下》，第76頁。

〔註101〕《陳書》卷八《侯安都傳》，第143～144頁。

〔註102〕《陳書》卷十一《淳于量傳》，第180頁。

〔註103〕《梁書》卷四《簡文帝紀》，第107頁。

〔註104〕《元和志》卷第三十七嶺南道四賀州蕩山縣條，第923頁。

〔註105〕《方輿紀要》卷一百七廣西二平樂府封陽廢縣條，第4846頁。

〔註106〕《舊唐書》卷四十一《地理志四》，第1713頁。

〔註107〕《隋志下》熙平郡條，第896頁。

本南齊洊安縣。」〔註108〕當是梁、陳時所改。《補梁志》卷三湘州樂梁郡條無游安縣。恐誤。治今廣西賀縣東南。

（八）邵陵郡沿革

邵陵郡，《一統志》曰：「晉置（建興）縣，南北朝梁省。」〔註109〕大寶元年當領縣六。仍治邵陵縣。又據《梁書‧武帝紀》載：天監十三年（514），梁武帝立皇子蕭綸為邵陵郡王；普通六年，坐事免官，被奪爵土；〔註110〕大通元年，又復蕭綸王爵。〔註111〕陳永定元年當除國。

1、邵陵，《梁書‧武帝紀》曰：中大通四年（532），「邵陵縣獲白鹿一」。〔註112〕則蕭梁仍屬。

2、高平，《寰宇記》曰：「古高平縣城，……隋開皇九年以其地併入邵陽縣，其城廢。」〔註113〕則蕭梁仍屬。

3、都梁，《梁書‧韋叡傳》曰：梁武帝即位，封韋叡為都梁子；天監二年，又改封為永昌子。〔註114〕則天監元年至二年為子國。

4、武強，《元和志》云：「梁天監元年，以太子諱『綱』，改為武強。」恐誤。當在中大通元年改名。〔註115〕

5、邵陽，《魏書‧世宗紀》曰：北魏正始元年（504），劉思祖擒蕭梁邵陽縣開國侯張惠紹。〔註116〕則天監元年至三年當為侯國。

6、扶夷，《一統志》云：「晉改曰扶縣，梁改曰扶陽。後仍曰扶彝（按：『彝』同『夷』），隋省入邵陽。」〔註117〕則蕭梁當仍作「扶夷」。

〔註108〕《補陳志》卷三湘州樂梁郡條，第4464頁。

〔註109〕《一統志》第二十三冊卷三百六十一寶慶府二古蹟建興廢縣條，第18309頁。然《補梁志》卷三湘州邵陵郡條不考其沿革，第4420頁。恐誤。

〔註110〕《梁書》卷二《武帝紀中》，第70頁。然《梁書》卷二十九《蕭綸傳》曰：普通五年，蕭綸「坐事免官奪爵」。第431～432頁。今從《武帝紀》。

〔註111〕《梁書》卷二十九《蕭綸傳》，第54頁。

〔註112〕《梁書》三《武帝紀下》，第76頁。

〔註113〕《宋本寰宇記》卷第一百一十五江南西道十三邵州邵陽縣條，第203頁。

〔註114〕《梁書》卷十二《韋叡傳》，第221頁。

〔註115〕《元和志》卷第二十九江南道五邵州武岡縣條，第715頁；又《補梁志》卷三湘州邵陵郡條曰：「天監元年，昭明太子尚在。簡文時為晉安王，不應避諱。當是大通三年立，晉安王為太子時改，元和志誤。」第4420頁。從之。

〔註116〕《魏書》卷八《世宗紀》，第197頁。

〔註117〕《一統志》第二十三冊卷三百六十一寶慶府二古蹟扶彝故城條，第18308頁。

（九）岳陽郡沿革

岳陽郡，當在中大通三年前置郡，並度長沙郡吳昌、羅、湘陰三縣來屬。太清二年（548）前，又度岳陽郡屬羅州，詳本節湘州郡條。太清二年當領縣六。治岳陽縣。又，中大通三年，梁武帝立子曲阿公蕭詧為岳陽郡王。〔註118〕則中大通三年為王國。陳永定元年當除國。

1、岳陽，《宋志》、《南齊志》無。《方輿紀要》曰：「梁析置岳陽縣，屬岳陽郡。」〔註119〕當與郡俱立。治今湖南汨羅市東。

2、湘陰，《方輿紀要》云：「梁置岳陽郡及羅州。」〔註120〕當在中大通三年前度屬。又據《梁書·蕭景附弟昂傳》載：大通二年（528），封蕭昂為湘陰縣侯。〔註121〕陳永定元年當除國。治今湖北湘陰縣北。

3、玉山，《宋志》、《南齊志》無。《方輿紀要》曰：「玉山城……梁置，屬岳陽郡，陳因之。」〔註122〕當與郡俱立。治今湖北湘陰縣北。

4、湘濱，《宋志》、《南齊志》無。《方輿紀要》云：「湘濱廢縣……梁置，屬岳陽郡，陳因之。」〔註123〕當與郡俱立。又《陳書·周弘直傳》曰：承聖元年，封周弘直為湘濱縣侯。〔註124〕陳永定元年當除國。治今湖北汨羅市東北。

5、吳昌，《方輿紀要》曰：「（孫吳）改（漢昌）縣曰吳昌，晉屬長沙郡，宋、齊因之。梁屬岳陽郡。」〔註125〕當於中大通三年前度屬。又《梁書·蕭穎達傳》曰：蕭衍受禪，封蕭穎達為吳昌縣侯，尋改封。則天監元年當還為縣。《梁書·江淹傳》云：普通四年，蕭衍追念江淹功，復封其為吳昌伯。〔註126〕則普通四年復為伯國。陳永定元年當除國。

〔註118〕《梁書》卷三《武帝紀下》，第75頁。
〔註119〕《方輿紀要》卷八十湖廣六長沙府湘陰縣條，第3751頁。
〔註120〕《方輿紀要》卷八十湖廣六長沙府湘陰舊縣條，第3751頁。
〔註121〕《梁書》卷二十四《蕭景附弟昂傳》，第371頁。
〔註122〕《方輿紀要》卷八十湖廣六長沙府湘陰舊縣條，第3751～3752頁。
〔註123〕《方輿紀要》卷八十湖廣六長沙府羅縣城條，第3752頁。
〔註124〕《陳書》卷二十四《周弘直傳》，第310頁。
〔註125〕《方輿紀要》卷七十七湖廣三岳州府平江縣條，第3637頁。又《補梁志》卷三巴州巴陵郡有吳昌縣條，第4411頁；《水經注疏》卷三十八湘水條熊會貞按曰：「（吳昌縣）吳屬長沙郡。晉、宋、齊因。梁屬巴陵郡。」第2304頁。《補梁志》、《水經注疏》不知何據，今暫從《方輿紀要》。
〔註126〕《梁書》卷十《蕭穎達傳》，第189頁；《梁書》卷十四《江淹傳》，第251頁。

6、**羅**，《方輿紀要》曰：「秦置（羅）縣。漢、晉皆屬長沙郡。宋、齊因之。梁置羅州，陳罷為羅郡。」〔註127〕羅縣位在吳昌縣西北、湘陰縣東北，以地望論，當與吳昌、湘陰二縣俱度屬岳陽郡，後又割屬羅州。

（十）藥山郡沿革

藥山郡，大同九年（543）年前置。太清二年（548）前又度屬羅州，詳本節湘州郡條。大同九年當領縣二。治藥山縣。

1、**藥山**，《宋志》、《南齊志》無。《隋志》云：「梁置，曰藥山，仍為郡。」又《輿地廣記》曰：「（藥山）本漢益陽縣地。梁置藥山郡及藥山縣。」〔註128〕則當與郡俱立。治今湖南沅江市境。

2、**重華**，《宋志》、《南齊志》無。《元和志》曰：「（重華）本漢益陽縣地，梁元帝分置重華縣。」又《宋本寰宇記》云：重華本是「漢益陽縣地，梁元帝於今縣北二十里分置重華縣。」〔註129〕《通典》亦載：「梁置重華縣。」〔註130〕當與郡俱立。治今湖南沅江市境。

（十一）始興郡沿革

始興郡，《補梁志》無靈溪縣。〔註131〕暫從之。天監六年（507），割含洭、桂陽、陽山三縣置陽山郡。〔註132〕天監九年，度始興郡屬衡州，詳本節湘州條。後徙始興縣於正階縣原址，原正階縣廢省。〔註133〕又，梁武帝在位

〔註127〕《方輿紀要》卷八十湖廣六長沙府羅縣城條，第 3752 頁。

〔註128〕《隋志下》巴陵郡沅江條，第 895 頁；《輿地廣記》卷第二十八荊湖北路下岳州沅江縣條，第 807 頁。

〔註129〕《宋本寰宇記》卷第一百一十三江南道十一岳州橋江縣條，第 192 頁。

〔註130〕《元和志》卷第二十七江南道三岳州沅江縣條，第 659 頁；《北宋版通典》卷第一百八十三州郡十三古荊州巴陵郡沅江條，第 41 頁。

〔註131〕《補梁志》卷二東衡州始興郡條，第 4396 頁。

〔註132〕《元和志》卷第二十九江南道五連州陽山縣條云：「梁天監六年置陽山郡，以（陽山）縣屬焉。」第 712 頁；又《宋本寰宇記》卷之一百一十七江南西道十五連州陽山縣條亦曰：「梁天監六年於今含洭縣西二里置陽山郡，以（陽山）縣屬焉。」第 215 頁；《隋志下》南海郡條云：「含洭（縣），梁置衡州、陽山郡。」第 881 頁；《元和志》卷第二十九江南道五連州桂陽縣條曰：「（桂陽縣）梁陳屬陽山郡。」第 711 頁；《北宋版通典》卷一百八十四州郡十三古荊州連山郡條亦云：「梁又分（桂陽縣）為陽山郡。」第 44 頁。

〔註133〕《隋志下》南海郡條曰：「始興，齊曰正階，梁改名焉。」第 881 頁；又《一統志》第二十九冊卷四百五十四南雄直隸州古蹟正階故城條云：「蕭齊置（正階縣）。梁移始興縣來治，而故城廢。」第 23245 頁。

時（502～549 年）割中宿縣置清遠郡，〔註134〕並度始興縣置安遠郡〔註135〕，增梁化、平石、翁源三縣來屬，詳下文。則大寶元年當領縣五。仍治曲江縣。又，天監元年，封蕭憺為始興郡王。〔註136〕則蕭梁仍為王國。陳永定元年當除國。

1、曲江，《梁書·柳惔傳》曰：蕭衍踐祚，論功封柳惔為曲江縣侯。〔註137〕陳永定元年當除國。又，梁元帝時，蘭欽改封為曲江縣公」。〔註138〕陳永定元年當除國。

2、桂陽，天監六年度屬陽山郡，詳上文始興郡條。

3、仁化，《補梁志》以仁化縣屬始興郡。〔註139〕暫從之。

4、陽山，天監六年度屬陽山郡，詳上文始興郡條。

5、正階，《南齊書》作「令階」屬。當在大同二年（536）後改名正階。〔註140〕後廢省，詳上文始興郡條。

6、含洭，天監六年度屬陽山郡，詳上文始興郡條。《梁書·馬仙琕傳》曰：天監四年，以功封馬仙琕為洺（按：「洺」同「含」）洭縣伯；十一年，進爵為侯。〔註141〕則天監四年至十一年為伯國。天監十一年始為侯國，陳永定元年當除國。

7、梁化，《宋志》、《南齊志》無。《隋志》曰：「梁置，曰梁化。」又《元和志》云：「樂昌縣，本漢曲江縣地也，梁武帝分曲江置梁化縣，屬始興郡。」〔註142〕治今廣州樂昌市。

8、平石，《宋志》、《南齊志》無。《隋志》曰：「梁置，曰梁化，又分置平

〔註134〕《元和志》卷第三十四嶺南道一廣州條曰：「清遠縣，本漢中宿地也，梁武於此置清遠郡，中宿縣屬之。」第890頁。

〔註135〕《隋志下》南海郡始興縣條曰：「（梁）又置安遠郡。」，第881頁。胡阿祥以為當於546年前立（《梁政區建製表》，載《六朝疆域與政區研究》第十五章第二節），第487頁。從之。

〔註136〕《梁書》卷二十二《蕭憺傳》，第354頁。

〔註137〕《梁書》卷十二《柳惔傳》，第217頁

〔註138〕《梁書》卷三十二《蘭欽傳》，第466頁。

〔註139〕《補梁志》卷二東衡州始興郡條，第4396頁。

〔註140〕《梁書》卷二十九《蕭綸傳附子確傳》云：「大同二年，（蕭確）正階侯……後徙封永安。」第436頁。

〔註141〕《梁書》卷十七《馬仙琕傳》，第280頁。

〔註142〕《隋志下》南海郡樂昌條，第881頁；《元和志》卷第三十四嶺南道一韶州條，第902頁。

石縣。」〔註143〕確址乏考，治今廣州樂昌市一帶。

9、中宿，梁武帝在位時度屬清遠郡，詳上文始興郡條。

10、翁源，《元和志》曰：「梁承聖末（552～554年）蕭勃分湞陽立翁源縣。」〔註144〕《補梁志》以翁源縣屬始興郡。〔註145〕從之。

11、貞陽，《梁書‧敬帝紀》曰：紹泰元年，封貞陽侯蕭淵明為建安郡公。〔註146〕則紹泰元年當還為縣。

12、始興，原治今廣東曲江縣東北，後徙治今廣東省始興縣；又度屬安遠郡，詳上始興郡條。承聖元年，平侯景之亂，進封歐陽頠為始興縣侯；陳世祖嗣位（559年），改封為陽山郡公。〔註147〕則天嘉元年（560）年當還為縣。

（十二）桂陽郡沿革

桂陽郡，度耒陽縣屬湘東郡，詳本節湘東郡耒陽縣條。天監九年，度桂陽郡屬衡州，詳上文湘州郡條。大寶元年當領縣五，仍領有郴、臨武、南平、晉寧、汝城五縣。仍治郴縣。又，天監元年，梁武帝追封其弟蕭融為桂陽郡王。〔註148〕則蕭梁仍為王國。陳永定元年當除國。

（十三）始安郡沿革

始安郡，梁武帝時割建陵左縣置郡。〔註149〕大同六年（540）度始安郡屬桂州，詳上文湘州郡條。大寶元年當領縣五，仍領有始安、熙平二縣，其他三縣政區沿革詳下文。仍治始安縣。又，普通六年，梁武帝封元法僧為始安郡公。〔註150〕陳永定元年當除國。承聖元年，梁元帝立皇子蕭方略為始安郡王。〔註151〕則復為王國。陳永定元年當除國。

〔註143〕《隋志下》南海郡樂昌條，第881頁。
〔註144〕《元和志》卷第三十四嶺南道一韶州翁源縣條，第903頁。
〔註145〕《補梁志》卷二東衡州條，第4396頁。
〔註146〕《梁書》卷六《敬帝紀》，第144頁。
〔註147〕《陳書》卷九《歐陽頠傳》，第158～159頁。
〔註148〕《梁書》卷二《武帝紀中》，第35頁。
〔註149〕《元和志》卷第三十七嶺南道四桂州建陵縣條曰：「（建陵）本漢荔浦縣地，吳孫氏置建陵縣，梁武帝立為郡。」第919頁。建陵縣齊時為左縣，以安蠻俚，蓋梁武帝於此立郡，亦以之鎮撫蠻俚。
〔註150〕《梁書》卷三十九《元法僧傳》，第553頁。
〔註151〕《梁書》卷五《元帝紀》，第132頁。

1、荔浦，《梁書·劉坦傳》曰：天監初，論功封劉坦為荔浦縣子。〔註152〕陳永定元年當除國。

2、永豐，據《梁書·昌義之傳》載：天監元年，封昌義之為永豐縣侯；十五年，改封為營道縣侯。〔註153〕則天監元年至十五年為侯國。

3、平樂，《梁書·蕭宏附子正義傳》曰：天監十年，平樂侯蕭正義襲臨川王。〔註154〕則天監十年當還為縣。

三、郢州政區沿革

郢州，大同五年前，增置上雋郡，詳下文上雋郡條。後增置沔陽、營陽、州城、南陽、夜郎五郡。〔註155〕又，梁武帝時度竟陵、齊興二郡置北新州〔註156〕，並改建安左郡為建安郡。〔註157〕此外，梁武帝時當省東牂牁、方城、北新陽、義安、南新陽、北隨安、新平七左郡，並於其地新置土州、富州、洄州、泉州、濠州〔註158〕、新州、應州、北江州、北司州。〔註159〕大寶

〔註152〕《梁書》卷十九《劉坦傳》，第301頁。

〔註153〕《梁書》卷十八《昌義之傳》，第293頁、第295頁。

〔註154〕《梁書》卷二十二《蕭宏附子正義傳》，第341頁。

〔註155〕胡阿祥以為當於546年前立（《梁政區建製表》，載《六朝疆域與政區研究》第十五章第二節），第489頁。從之。

〔註156〕《隋志下》竟陵郡長壽條曰：「又梁置北新州及梁寧等八郡。」第889頁；《寰宇記》卷之一百一十二江南西道十鄂州條亦曰：「其後梁武起兵襄陽，東下攻圍二百餘日，方降，因分置北新州。」第2275頁。然齊興郡在竟陵郡之北，當俱度屬北新州。又據《梁書》卷四《簡文帝紀》：「（普通）四年，徙為使持節、都督雍梁南北秦四州郢州之竟陵司州之隨郡諸軍事。」時竟陵郡仍屬郢州，則北新州當於523年後置。王萬雋曰：「但自蕭齊以後，尤其是蕭梁時期，大量的北疆蠻酋被任命為邊疆郡太守、州刺史，並在南北朝的戰爭之中扮演著重要角色，或守邊，或進攻。」氏著《秦漢至南朝的國家與蠻人：以政區、官爵和賦役制度為中心》，國立臺灣大學2012年博士學位論文，第244頁。在一定程度上，這也解釋了蕭梁為何大量撤銷位於郢州北部邊地的左郡左縣，並將其改成同於內地州郡縣機構的原因。

〔註157〕胡阿祥以為當於546年前立（參見《梁政區建製表》，載《六朝疆域與政區研究》第十五章第二節），第489頁。從之。

〔註158〕《隋志下》江夏郡條云：「舊置郢州。梁分置北新州，尋又分北新立土、富、洄、泉、豪五州。」第894頁；《寰宇記》卷之一百一十二江南西道十鄂州條亦曰：「其後梁武起兵襄陽，東下攻圍二百餘日，方降，因分置北新州，尋分北新州為土、富、洄、泉、豪五州。」第2275頁。

〔註159〕《梁政區建製表》（《六朝疆域與政區研究》第十五章第二節），第489～490頁。

元年，蕭繹度巴陵郡置巴州；〔註160〕同年，割武陵、南陽、夜郎三郡置沅州。〔註161〕則大寶元年當領郡八。仍治汝南縣。又《梁書·敬帝紀》云：承聖四年（554）四月，陸法和以郢州附於齊。《北齊書·文宣紀》亦曰：北齊太保六年（555）正月，「清河王岳以眾軍渡江，尅夏首。送梁郢州刺史陸法和」。又《通鑑》云：「北齊慕容儼始入郢州而侯瑱等奄至城下」，其時貞陽侯淵明即位，乃命侯瑱解圍。北「齊以城在江外難守，因割以還梁」。〔註162〕則紹泰元年，北齊攻陷郢州江北諸郡縣。〔註163〕

（一）江夏郡沿革

江夏郡，大同五年（539）前，度蒲圻、沙陽二縣屬上雋郡。〔註164〕中大同元年前，又度沌陽縣屬沔陽郡。〔註165〕則大同十二年領縣三，仍領有汝南、惠懷二縣，灄陽縣政區沿革詳下文。仍治汝南縣。又，太清三年六月，梁元帝封蕭大款為江夏郡王；大寶元年九月，改封為臨川郡王。〔註166〕則太清三年

〔註160〕《隋志下》巴陵郡條曰：「梁置巴州。」第895頁；《元和志》卷第二十七江南道三岳州條云：「宋文帝又立為巴陵郡，梁元帝改為巴州。」第656頁；《宋本寰宇記》卷之一百一十三江南西道十一岳州條曰：「尋至元帝都荊，別立巴州，領巴陵郡。」第189頁；又《梁書》卷四《簡文帝紀》云：「（大寶元年）王僧辯率眾逼郢州。……邵陵王綸棄郢州走。」第106～107頁；《梁書》卷五《元帝紀》曰：「（大寶元年，以）中撫軍將軍世子（蕭）方諸為郢州刺史。」第114頁。則550年蕭繹才擁有郢州，當在此時分郢州置巴州。《梁書》卷五《元帝紀》亦載：大寶元年十二月，「遣……巴州刺史王珣……率眾下武昌，助徐文盛。」第116頁。

〔註161〕《隋志下》武陵郡條曰：「梁置武州，後改曰沅州。」第890頁；《宋本寰宇記》卷之一百一十八江南西道十六朗州條云：「梁太清四年湘東王承制於荊州割武陵郡置武州。」第219頁；又《梁書》卷五《元帝紀》：「大寶元年，世祖（蕭繹）猶稱太清四年。」第114頁。則550年置沅州。

〔註162〕《梁書》卷六《敬帝紀》，第144頁；《北齊書》卷四《文宣紀》，第59頁；《通鑑》卷一百六十梁紀二十二敬帝紹泰五年，第5130頁。

〔註163〕《寰宇記》卷之一百一十二江南西道十鄂州條亦云：「（梁武）因分置北新州，尋分北新州為土、富、洄、泉、豪五州。梁末北齊得之，遣慕容儼守之，為陳將侯瑱攻圍，凡二百日，不下。」第2275頁。

〔註164〕《輿地廣記》卷第二十七荊湖北路上鄂州蒲圻縣條云：「梁置上雋郡。」第780頁；又《寰宇記》卷之一百一十二江南西道十鄂州蒲圻縣條曰：「其沙陽縣，本名沙羨，晉安帝改為沙陽縣，仍舊屬上雋。梁承聖三年改為沙州。陳初復還縣。」第2285頁。則沙陽縣當於539年前度屬上雋郡，554年又度屬置沙州。

〔註165〕《輿地廣記》卷第二十八荊湖北路下漢陽軍條云：「梁屬沔陽郡。」第814頁。蕭梁時，沌陽縣屬宋時的漢陽軍地，則當屬沔陽郡。

〔註166〕《梁書》卷四《簡文帝紀》，第105頁；《梁書》卷五《元帝紀》，第114頁。

至大寶元年仍為王國。

1、灄陽，天監初，封王珍國為灄陽縣侯；後，「梁州長史夏侯道遷以州降魏」；王珍國以無功，「累表請解」，高祖蕭衍弗許，改封為宜陽縣侯。〔註167〕天監三年當還為縣。

（二）沔陽郡沿革

沔陽郡，《宋志》、《南齊志》無。《隋志》曰：「梁置沔陽郡。」《輿地廣記》亦云：「漢雲杜縣地……梁置沔陽郡。」〔註168〕則天監二年（503）當與沔陽縣俱置，詳下文沔陽縣條。大寶元年當領縣二。治今湖北仙桃市西南。

1、沔陽，《宋志》、《南齊志》無。《元和志》曰：「（沔陽）本漢雲杜縣地，梁天監二年分置沔陽縣，即今縣東三十里沔陽故城是也。」〔註169〕則天監二年當與郡俱立。治今湖北仙桃市西南。

2、沌陽，當於大同十二年前來屬，詳本節江夏郡條。普通六年，封元景隆為沌陽縣公，紹泰元年當除國。又，梁元帝承制，封周鐵虎為沌陽縣子；「承聖二年，以前後功，（又）進爵為侯」。〔註170〕則紹泰元年當除國。

（三）營陽郡沿革

營陽郡，《隋志》曰：「梁置營陽郡。」〔註171〕領縣無考。確址乏考，當治今湖北仙桃市一帶。

（四）州城郡沿革

州城郡，《宋志》、《南齊志》無。《隋志》曰：「梁置州城郡。」〔註172〕大寶元年當領縣一。治今湖北洪湖市東北。

1、州陵，大同十二年前，當度屬州城郡。又《梁書·柳惔附弟忱傳》曰：梁武帝踐祚，「論建義功」，封柳忱為州陵縣伯。〔註173〕則天監元年始為伯國。

〔註167〕《梁書》卷十七《王珍國傳》，第 279 頁；《魏書》卷八《世宗紀》，第 198 頁。

〔註168〕《隋志下》沔陽郡沔陽條，第 890 頁；《輿地廣記》卷第二十七荊湖北路上復州沔陽條，第 784 頁。

〔註169〕《元和志》卷第二十一山南道二復州沔陽縣條，第 536 頁。

〔註170〕《梁書》卷三十九《元法僧附子景隆傳》，第 554 頁；《陳書》卷十《周鐵虎傳》，第 169 頁。

〔註171〕《隋志下》沔陽郡沔陽條，第 890 頁。

〔註172〕《隋志下》沔陽郡沔陽條，第 890 頁。

〔註173〕《梁書》卷十二《柳惔附弟忱傳》，第 219 頁。

紹泰元年當除國。

（五）武昌郡沿革

武昌郡，《補梁志》卷三郢州武昌郡條無義寧、真陽二縣。暫從之。又增安昌縣屬。大寶元年當領縣四，仍領有武昌、鄂、陽新三縣，安昌縣政區沿革詳下文。仍治武昌縣。又，大同三年（537），梁武帝立昭明太子之子為武昌郡王。〔註174〕則陳永定元年當除國。

1、安昌，《宋志》屬江州豫章郡，《南齊志》屬梁州齊興郡。《宋本寰宇記》曰：「故安昌縣，……梁普通七年（526）置。」〔註175〕《方輿紀要》亦曰：「（興國）州西北九十里又有安昌廢縣，梁置。」〔註176〕又《梁書‧張齊傳》載：蕭衍受禪，封張齊為安昌縣侯。〔註177〕陳永定元年當除國。治今湖北陽新縣西北。

（六）西陽郡沿革

西陽郡，《隋志》曰：「浠水（縣），梁置永安郡。」又《方輿紀要》曰：「劉宋於此立浠水左縣，屬西陽郡，蕭齊因之，梁又置永安郡。」〔註178〕則蕭梁當度浠水左縣屬永安郡。以地望論，蘄水左縣、東安左縣、義安縣均在浠水左縣東北部一帶，當省廢或度屬永安郡。《隋志》云：「期思（縣），陳置邊城郡。」〔註179〕則蕭梁當省期思縣，陳復置。大寶元年當領縣四，仍領有西陽縣，其他三縣政區沿革詳下文。仍治西陽縣。《補梁志》有期思、義安、東安三縣。〔註180〕恐誤。又，大寶元年，立皇子蕭大鈞為西陽郡王；二年八月，被害。〔註181〕後，天成元年，北齊攻陷西陽郡。

1、西陵，據《陳書‧周炅傳》載：侯景之亂，梁元帝承制（549年），改授周炅為西陽太守，「封西陵縣伯」；承聖元年，又進爵為侯。〔註182〕則承聖

〔註174〕《梁書》卷三《武帝紀下》，第81頁。
〔註175〕《宋本寰宇記》卷第一百一十三江南西道十一岳州興國郡永興縣條，第194頁。
〔註176〕《方輿紀要》卷七十六湖廣二興國州下雄城條，第3540頁。
〔註177〕《梁書》卷十七《張齊傳》，第281頁。
〔註178〕《隋志下》蘄春郡浠水條，第875頁；《方輿紀要》卷七十六湖廣二黃州府蘄水縣條，第3569頁。
〔註179〕《隋志下》弋陽郡期思條，第875頁。
〔註180〕《補梁志》卷三湘州西陽郡條，第4408頁。
〔註181〕《梁書》卷四《簡文帝紀》，第107～108頁。
〔註182〕《陳書》卷十三《周炅傳》，第203～204頁。

元年始為侯國。陳太建八年（576）還為縣。

　　2、孝寧，《方輿紀要》曰：「（孝寧縣，）齊因之，仍屬西陽郡。後周廢。」〔註183〕則蕭梁當有。

　　3、蘄水，《隋志》曰：「蘄春（縣），舊曰蘄陽，梁改曰蘄水。」〔註184〕則蕭梁當有。

（七）建安郡沿革

　　建安郡，《紀纂淵海》曰：「南齊以霄城屬遂安（按：疑當為建安）左郡。梁省竟陵，以霄城屬建安郡。」〔註185〕大寶元年當領縣一。治霄城縣。

　　1、霄城，《南齊志》屬郢州建安左郡。當與郡俱立。治今湖北天門市北。

（八）上雋郡沿革

　　上雋郡，《隋志》曰：「梁置上雋郡。」〔註186〕大同五年，樂化縣當度屬上雋郡，詳下文。則上雋郡當在大同五年前置。大寶元年當領縣四。治下雋縣。又，承聖三年，割沙陽縣置沙州，詳本節江夏郡條；同年，度上雋郡屬雋州，詳下文第五章第一節郢州上雋郡條。則承聖三年當領縣三。

　　1、下雋，《紀纂淵海》云：「本漢長沙郡下雋縣。宋屬巴陵郡，梁置上雋郡。陳改雋州，尋復為郡。」〔註187〕則當於大同五年前割屬。

　　2、蒲圻，當於大同五年前來屬，詳本節江夏郡條。

　　3、樂化，《宋志》、《南齊志》無。《寰宇記》曰：「大同五年（539）於巴陵郡下雋立樂化縣，還屬上雋郡。」〔註188〕確址乏考，當在今湖北通城縣一帶。

　　4、沙陽，當於大同五年前來屬，詳本節江夏郡條。

（九）巴陵郡沿革

　　巴陵郡，大同五年前，度下雋縣屬上雋郡，詳上文上雋郡條。大同十二年前，度州陵縣屬州城郡，詳本節州城郡州陵縣條。則中大同元年當領縣二，

〔註183〕《方輿紀要》卷七十六湖廣二黃州府蘄水城條，第3569頁。

〔註184〕《隋志下》蘄春郡蘄春條，第875頁。

〔註185〕《紀纂淵海》930冊卷十四荊湖北路復州縣沿革景陵條，第346頁；又《南齊志下》郢州建安左郡條有霄城縣，第278頁。

〔註186〕《隋志下》江夏郡蒲圻條，第895頁。

〔註187〕《紀纂淵海》930冊卷十四荊湖北路武昌府縣沿革崇陽條，第334頁。

〔註188〕《寰宇記》卷之一百一十二江南西道十鄂州蒲圻縣條，第2285頁。

仍領有巴陵縣，監利縣政區沿革詳下文。仍治巴陵縣。大寶元年，度巴陵郡置巴州，詳本節郢州條。又，天監元年，梁武帝封齊帝為巴陵王，全食一郡。〔註189〕則蕭梁仍為王國。陳永定元年當除國。

1、**監利**，《南史·蕭子良附子昭胄傳》曰：「梁受禪，降封（蕭）昭胄子同為監利侯。」〔註190〕陳永定元年當除國。

（十）武陵郡沿革

武陵郡，增置鹽泉、大鄉二縣來屬。後復置遷陵縣，詳下文。《補梁志》卷三沅州武陵郡條無黚陽縣，暫從之，當在梁初省。太清三年，又度武陵郡置沅州，詳本節郢州條。大寶元年當領縣十二，仍領有臨沅、沅陵、零陵、沅南、龍陽五縣，其他七縣政區沿革詳下文。仍治臨沅縣。又，天監十三年（514），梁武帝立皇子蕭紀為武陵郡王。〔註191〕則蕭梁復為王國。陳永定元年當除國。

1、**辰陽**，《隋志》曰：「辰溪（縣），舊曰辰陽。」《方輿紀要》云：「在（辰溪）縣西北。漢縣治此，梁、陳間移今治。隋改曰辰溪。」〔註192〕當治今湖北辰溪縣。

2、**大鄉**，《宋志》、《南齊志》無。《隋志》云：「梁置大鄉縣。」〔註193〕又《元和志》曰：溪州，「漢屬武陵郡，為沅陵、遷陵二縣之地，梁置大鄉縣」。〔註194〕治今湖南永順縣東南。

3、**漢壽**，《梁書·蔡道恭傳》云：天監初，論功封蔡道恭為漢壽伯；後其孫蔡固早卒，除國。〔註195〕

4、**瀰陽**，《方輿紀要》曰：「蕭齊曰瀰陽，仍屬武陵郡，隋廢。」〔註196〕則蕭梁當仍有。

5、**鹽泉**，《宋志》、《南齊志》無。《隋志》云：「梁置鹽泉縣。」〔註197〕

〔註189〕《梁書》卷二《武帝紀中》，第34頁。

〔註190〕《南史》卷四十四《蕭子良附子昭胄傳》，第1106頁。

〔註191〕《梁書》卷二《武帝紀中》，第54頁。

〔註192〕《隋志下》沅陵郡辰溪條，第890頁；《方輿紀要》卷八十一湖廣七辰州府辰陽城條，第3824頁。

〔註193〕《隋志下》沅陵郡大鄉條，第890頁。

〔註194〕《元和志》江南道六溪州序條，第751頁。

〔註195〕《梁書》卷十《蔡道恭傳》，第194頁

〔註196〕《方輿紀要》卷八十一湖廣七沅州舞陽城條，第3829頁。

〔註197〕《隋志下》沅陵郡鹽泉條，第890頁。

確址乏考，當在今重慶彭水縣境。

6、遷陵，《宋志》屬，《南齊志》無。《魏書・世宗紀》曰：北魏永平二年，擒蕭梁「遷陵縣開國子彭甕生」等二十六將。〔註198〕天監元年至八年當為子國。則蕭梁初當復置遷陵縣。《補梁志》卷三沅州武陵郡條無。恐誤。

7、酉陽，《方輿紀要》云：「漢置酉陽縣，屬武陵郡。……晉、宋以後仍屬武陵郡，隋廢。」〔註199〕則蕭梁當有。

（十一）南陽郡沿革

南陽郡，大同十二年前置。太清三年度屬沅州，詳本節郢州條。《隋志》云：「梁置南陽郡、建昌縣。」〔註200〕大寶元年當領縣二。治建昌縣。

1、建昌，《宋志》、《南齊志》屬江州豫章郡。《隋志》曰：「梁置……建昌縣。」〔註201〕則蕭梁當新置建昌縣。治今湖北瀘溪縣西南。

2、龍標，《宋志》、《南齊志》無。《方輿紀要》云：「漢無陽縣地，梁置龍標縣，屬南陽郡。」〔註202〕《補梁志》則以龍標縣屬武陵郡。〔註203〕恐誤。治今湖北辰溪縣西北。

（十二）夜郎郡沿革

夜郎郡，大同十二年前置。太清三年度屬沅州，詳本節郢州條。大寶元年當領縣一。治夜郎縣。《隋志》曰：隋平陳，「廢故夜郎郡，置靜人縣，尋廢省」。又《方輿紀要》云：「蕭梁於辰陽縣境置夜郎郡及縣。」〔註204〕確址乏考，當治今湖南吉首市一帶。

1、夜郎，當與郡俱立。詳上文夜郎郡條。當治今湖南吉首市一帶。

（十三）竟陵郡沿革

竟陵郡，普通四年後，當度屬北新州，詳本節雍州條。《補梁志》卷三北新州竟陵郡條無新陽縣，暫從之，當於蕭梁初省。則普通四年當領縣五，仍

〔註198〕　《魏書》卷八《世宗紀》，第 207 頁。
〔註199〕　《方輿紀要》卷八十一湖廣七辰州府酉陽城條，第 3818 頁。
〔註200〕　《隋志下》沅陵郡辰溪條，第 890 頁。
〔註201〕　《隋志下》沅陵郡辰溪條，第 890 頁。
〔註202〕　《方輿紀要》卷八十一湖廣七沅州潭陽廢縣條，第 3829 頁。
〔註203〕　《補梁志》卷三沅州武陵郡條，第 4411 頁。
〔註204〕　《隋志下》沅陵郡辰溪條，第 890 頁；《方輿紀要》卷八十一湖廣七辰州府建昌廢縣條，第 3824 頁。

領有莫壽縣，其他四縣政區沿革詳下文。仍治莫壽縣。《周書‧楊忠傳》曰：西魏大統十五年（549），「梁竟陵太守孫暠舉郡來附，（周）太祖使大都督符貴往鎮之」。〔註205〕後，及梁柳仲禮至，孫暠乃執符貴以降。楊「忠親自陷陣，擒（梁）仲禮」；「王孫叔斬孫暠，以竟陵降」；「梁元帝請魏以石城為限，梁以安陸為界，周乃旋師」。〔註206〕楊忠擒柳仲禮之事發生於大統十六年三月。〔註207〕則大寶元年竟陵縣當屬西魏。然霄城、新市、雲杜三縣在石城、安陸二縣之南，以地望論，當仍為蕭梁所據。承聖三年當與江陵同陷於西魏。

1、竟陵，據《梁書‧曹景宗傳》載：天監元年，改封曹景宗為竟陵縣侯；五年，進爵為公。〔註208〕大寶元年當除國。《補梁志》卷三北新州竟陵郡條無竟陵縣。恐誤。

2、霄城，《梁書‧范雲傳》云：天監元年，「以佐命功」，封范雲為霄城縣侯。〔註209〕則蕭梁仍為侯國。承聖三年當除國。

3、新市，《梁書‧胡僧祐傳》曰：大寶二年，封胡僧祐為新市縣侯。〔註210〕承聖三年當除國。

4、雲杜，《梁書‧柳慶遠傳》云：天監二年，改封柳慶遠為雲杜侯。〔註211〕《梁武帝北伐詔》亦曰：「今遣中領軍雲杜縣開國侯（柳）慶遠等濟自牛渚。」〔註212〕承聖三年當除國。

（十四）齊興郡沿革

齊興郡，普通四年後，當度屬北新州，詳本節郢州條。治所乏考。領縣乏考。

四、雍州政區（含寧蠻府）沿革

雍州，蕭梁當省廣平、京兆、建昌三郡。〔註213〕並省扶風郡，徙義成郡

〔註205〕《周書》卷二《文帝紀》，第33頁。
〔註206〕《周書》卷十九《楊忠傳》，第316頁。
〔註207〕《周書》卷二《文帝紀下》，第32頁。
〔註208〕《梁書》卷九《曹景宗傳》，第179～181頁。
〔註209〕《梁書》卷十三《范雲傳》，第231頁。
〔註210〕《梁書》卷四十六《胡僧祐傳》，第639頁。
〔註211〕《梁書》卷九《柳慶遠傳》，第182頁。
〔註212〕〔梁〕沈約：《梁武帝北伐詔一首》，收入《日藏弘仁本文館詞林校證》，第231頁。
〔註213〕《通鑒》卷一百五十六《梁紀十二》武帝中大通五年曰：「（賀拔）勝又遣軍

且置興國郡於此地。〔註214〕後，又省南天水郡，置德廣郡於此。〔註215〕並增置鄼城〔註216〕、德廣、興國、秦南〔註217〕、沔東〔註218〕五郡於雍州。永元二年，僑立新野郡。〔註219〕後，僑置南陽郡。〔註220〕普通六年，曹義宗收復順陽郡，大通二年（528）復陷於北魏。〔註221〕則大寶元年當領郡十二。仍治

攻馮翊、安定、沔陽、鄼城，皆拔之。」第4835頁；又《魏書》卷八十《賀拔勝傳》：「（賀拔勝）又攻馮翊、安定、沔陽、鄼陽城（按：當為鄼城，中華書局點校本《梁書》校勘記引《冊府元龜》卷368亦以為「鄼」下無「陽」字，第1789頁），並平之。」第1781頁。則廣平郡在鄼城附近，當並拔之。如《一統志》曰：「廣平廢郡，……晉置，梁廢。」（《一統志》第二十二冊卷三百四十七襄陽府二古蹟廣平廢郡條）第17584頁；又《輿地紀要》卷七十九湖廣五襄陽府鄼城亦云：「宋亦曰鄼縣，屬廣平郡，齊因之。梁置鄼城郡治焉。」第3724頁。則梁時當廢省廣平。又《隋志》無載京兆、建昌二郡。則梁時當廢省。另，京兆郡是襄陽在沔北的軍事重地。498年，北魏孝文帝南征時，鄧城受到嚴重破壞（《魏書》卷七《高祖紀下》，第182～183頁；《南齊書》卷五十一《崔慧景傳》，第873～874頁）。疑京兆郡當在此時廢省。

〔註214〕《隋志下》襄陽郡谷城條曰：「舊曰義城，置義城郡。……又梁有築陽，……又梁有興國、義城二郡，並西魏廢。」第891頁。扶風郡原治於築陽縣，然《隋志》無載，當省之。又《補梁志》卷三雍州義成郡築陽條曰：「案扶風郡梁廢，（築陽）縣改屬此郡（即義成郡）。」第4416頁。從之。

〔註215〕《隋志下》襄陽郡上洪條云：「宋僑立略陽縣，梁又立德廣郡。」第891頁。略陽縣原屬南天水郡，然《隋志》無南天水郡，當於梁時省。又《輿地紀要》卷七十九湖廣五襄陽府郿城亦云：「劉宋僑置略陽縣，屬南天水郡，齊因之，梁置德廣郡治焉。」第3712頁。則梁當於此地立德廣郡，並領有略陽縣。

〔註216〕《北史》卷三十八《裴俠傳》：「（西魏時，蕭梁）鄼城太守張建並以郡來附。」第1401頁。

〔註217〕《隋志下》襄陽郡漢南條：「梁置秦南郡，後周並武泉縣俱廢。」第891頁。

〔註218〕《方輿紀要》卷七十七湖廣三承天府管城條曰：「又沔東郡城，在府西北，蕭梁初所置荒郡也。」第3584頁；又《通鑑》卷一百四十六《梁紀二》武帝天監四年載：505年，「雍州蠻沔東太守田青喜叛降魏。」胡三省注曰：「考之北史，（田）青喜所據之地蓋在襄陽之東，竟陵之西。」第4551頁。

〔註219〕《梁書》卷一《武帝紀上》曰：「（梁武帝）於沔南立新野郡，以集新附。」第5頁。

〔註220〕《隋志下》襄陽郡陰城條云：「梁置南陽郡。」第891頁。

〔註221〕《通鑑》卷一百五十《梁紀六》武帝普通六年載：「（曹義宗）復取順陽。」第4708頁；又《通鑑》卷一百五十二《梁紀八》武帝大通二年云：「魏費穆奄至荊州。曹義宗軍敗，為魏所擒，荊州之圍始解。」第4753頁。則順陽郡當又陷。

襄陽縣。承聖三年，北魏立梁王蕭詧為梁主，乃取其雍州之地。〔註222〕則承聖三年雍州之地皆沒於西魏。

（一）襄陽郡沿革

襄陽郡，增置率道、安武二縣屬，詳下文。大寶元年當領縣六，仍領有襄陽、建昌二縣，其他四縣政區沿革詳下文。仍治襄陽縣。

1、中廬，《梁書·杜崱附龕傳》曰：太清中（547～549年），封杜龕為中廬縣侯；後又改封為溧陽縣侯。〔註223〕承聖三年當廢省。

2、率道，《宋志》、《南齊志》無。《隋志》曰：「率道（縣），梁置。」〔註224〕以地望論，率道縣在邔縣之東北，當屬襄陽郡。治今湖北宜城市東北。

3、邔，據《梁書·劉孺附弟遵傳》載：「（晉安）王（蕭綱）後為雍州，復引（劉遵）為安北諮議參軍、帶邔縣令。」〔註225〕則蕭梁當有邔縣。然《一統志》曰：「秦置邔縣，……宋齊因之，梁改為率道縣。」〔註226〕恐誤。

4、安武，《宋志》、《南齊志》無。《方輿紀要》曰：「安武城，亦在縣西。梁置，屬襄陽郡。」〔註227〕治今湖北襄樊市西南。

（二）酇城郡沿革

酇城郡，大寶元年當領酇縣一。詳上文襄陽郡條。

（三）馮翊郡沿革

馮翊郡，仍領縣三。仍治郃縣。據《陳書·侯瑱傳》載：「（蕭）範為雍州刺史，（侯）瑱除超武將軍、馮翊太守。」〔註228〕則蕭梁仍有。

1、郃，據《梁書·武帝紀》載：蕭衍以「郃令杜永兼別駕」。〔註229〕則蕭梁當有。

〔註222〕《通鑑》卷一百六十五《梁紀二十一》元帝承聖三年，第5123頁；《周書》卷四十八《蕭詧傳》亦云：「及江陵平，（周）太祖立（蕭）詧為梁主，居江陵東城，資以江陵一州之地。其襄陽所統，盡歸於我。」第859頁。

〔註223〕《梁書》卷四十六《杜崱附龕傳》，第644頁。

〔註224〕《隋志下》襄陽郡率道條，第891頁。

〔註225〕《梁書》卷四十一《劉孺附弟遵傳》，第593頁。

〔註226〕《一統志》第二十二冊卷三百四十六襄陽府一宜城縣條，第17536頁。

〔註227〕《方輿紀要》卷七十九湖廣五襄陽府新安城條，第3717頁。

〔註228〕《陳書》卷九《侯瑱傳》，第153頁。

〔註229〕《梁書》卷一《武帝紀上》，第6頁。

2、蓮勺，《方輿紀要》云：「劉宋元嘉六年以三輔流民僑立蓮勺縣，屬馮翊郡，齊、梁因之。」〔註230〕則蕭梁當有。

3、高陸，《方輿紀要》曰：「宋元嘉中僑置高陸縣，亦屬馮翊郡，齊、梁因之。」〔註231〕則蕭梁當有。

（四）德廣郡沿革

德廣郡，《宋志》、《南齊志》無。《隋志》云：「宋僑立略陽縣。梁又立德廣郡。」〔註232〕又，詳本節雍州郡條。大寶元年當領略陽縣一。治今湖北宜城市東南。

（五）南陽郡沿革

南陽郡，僑置確年乏考，詳本節雍州條。領縣乏考。當治今丹江口市東南。《梁書‧杜崱附弟岸傳》曰：岳陽王蕭詧至，杜岸遂走依其兄蕭巘，「巘時為南陽太守。岳陽尋遣攻陷其城，岸及巘俱遇害」。〔註233〕則蕭梁當有。

（六）新野郡沿革

新野郡，大寶元年當僑立於沔南，詳本節雍州條。當僑寄今湖北宜城市東南。領縣乏考。

（七）始平郡沿革

始平郡，仍領縣四，仍領有武當、始平、平陽、武功四縣。仍寄治於今湖北丹江市西北。《梁書‧武帝紀》曰：大同六年（538）九月，「始平太守崔碩表獻嘉禾一莖十二穗」。又《梁書‧許懋傳》云：梁武帝時，許懋「以足疾出為始平太守，政有能名」。〔註234〕則蕭梁當有。太清三年當陷沒於西魏。〔註235〕

（八）義成郡沿革

義成郡，原僑寄今湖北丹江口市北，蕭梁時徙治今湖北谷城縣西，詳本

〔註230〕《方輿紀要》卷七十七湖廣三承天府藍水城條，第3583頁。
〔註231〕《方輿紀要》卷七十七湖廣三承天府管城條，第3584頁。
〔註232〕《隋志下》襄陽郡上洪條，第891頁。
〔註233〕《梁書》卷四十六《杜崱附弟岸傳》，第643頁。
〔註234〕《梁書》卷三《武帝紀下》，第85頁；《梁書》卷四十《許懋傳》，第579頁。
〔註235〕「始平郡歷宋齊梁沒有變化，其地入於西魏當在大統十五年（即549年）。是年，梁興州（治齊興郡鄖鄉縣，在今湖北鄖縣）刺史席固以地降附西魏，始平與齊興郡鄰，亦當於此時入魏。」《東晉南朝長江中游地區僑州郡縣地望新探》。從之。

節雍州條。〔註236〕又度築陽縣來屬,大寶元年當領縣三。

1、義成,《隋志》曰:「谷城(縣),舊曰義城(縣),置義城郡。」〔註237〕則義成縣當徙此。然《輿地廣記》曰:「二漢為築陽縣,屬南陽郡。晉屬順陽郡,其後廢焉。孝武置義城縣及義城郡。」如前文所及,晉孝武帝僑置義成郡於襄陽,宋孝武帝又徙治均。則《輿地廣記》此條恐誤。

2、築陽,《方輿紀要》云:「梁仍曰築陽縣。」〔註238〕則築陽縣當度屬義成郡,詳本節雍州條。

3、萬年,《梁書‧孝行傳》曰:天監中,吉翂是馮翊蓮勺人,世居襄陽,「應辟為本州主簿。出監萬年縣,攝官期月,風化大行」。〔註239〕則蕭梁當有。

(九)華山郡沿革

華山郡,仍領縣三,仍領有華山、藍田二縣,上黃縣政區沿革詳下文。仍僑寄今湖北宜城縣北。《梁書‧康絢傳》曰:「康絢字長明,華山藍田人也。其先出自康居。」〔註240〕則蕭梁當有。

1、上黃,《南史‧始興忠王蕭憺附子曄傳》曰:天監十八年後(519),改封蕭曄為上黃侯。〔註241〕庾信著有《為梁上黃侯世子與婦書》〔註242〕。承聖三年當廢省。

(十)興國郡沿革

興國郡,《宋志》、《南齊志》無。郡沿革詳本節雍州條。領縣乏考。當治今湖北谷城縣西。

(十一)秦南郡沿革

秦南郡,《宋志》、《南齊志》無。郡沿革詳本節雍州條。領縣乏考。當治今湖北宜城市西南。

〔註236〕2010 年 12 月,考古研究人員在湖北谷城縣西郊發掘了一座六朝畫像磚墓,其中出土的文物具有典型的南北文化交匯特徵。此也證明了谷城縣在東晉南朝時期,其政治地理位置的重要性(谷城縣博物館:《湖北谷城六朝畫像磚墓發掘簡報》,載《文物》2013 年第 7 期)。

〔註237〕《隋志下》襄陽郡谷城條,第 891 頁。

〔註238〕《方輿紀要》卷七十九湖廣五襄陽府築陽城條,第 3721 頁。

〔註239〕《梁書》卷四十七《孝行傳》,第 652 頁。

〔註240〕《梁書》卷八十《康絢傳》,第 290 頁。

〔註241〕《南史》卷五十二《始興忠王蕭憺附子曄傳》,第 1304 頁。

〔註242〕收入《六朝文絜》卷三,第 20 頁。

（十二）沔東郡沿革

《宋志》、《南齊志》無。郡沿革詳本節雍州條。領縣乏考。當治今湖北棗陽市西南。

五、寧蠻府〔註243〕

（一）南襄陽郡沿革

南襄郡，《隋志》曰：「南漳（縣），西魏並新安、武昌、武平、安武、建平五縣置，初曰重陽，又立南襄陽郡。」又《方輿紀要》云：「西魏置重陽縣，又置南襄陽郡治焉。」〔註244〕則蕭梁當有。仍領縣四，仍領有新安、武昌、建武、武平四縣。仍治新安縣。

（二）安定郡沿革

安定郡，《通鑒》曰：「（賀拔）勝又遣軍攻馮翊、安定、……皆拔之。」又《魏書·賀拔勝傳》云：「（賀拔勝）又攻馮翊、安定、……並平之。」〔註245〕則蕭梁當有。仍領縣六，仍領有思歸、歸化、皋亭、新安、士漢、士項六縣。仍治思歸縣。

（三）蔡陽郡沿革

蔡陽郡，《方輿紀要》曰：「齊復置蔡陽郡，屬寧蠻府。梁因之。」〔註246〕則蕭梁仍有。仍領縣六，仍領有樂安、東蔡陽、西蔡陽、新化、揚子、新安六縣。仍治樂安縣。

（四）弘化郡沿革

弘化郡，《宋志》、《南齊志》無。《通鑒》曰：天監十四年（515），梁弘化太守杜桂舉郡降魏。又胡三省注曰：「弘化地闕，蓋亦緣邊蠻郡也。」〔註247〕領縣乏考。疑當在湖北谷城縣西境。

〔註243〕寧蠻府政區沿革均參考《梁政區建製表》（《六朝疆域與政區研究》第十五章第二節），第490頁。
〔註244〕《隋志下》襄陽郡南漳條，第891頁；《方輿紀要》卷七十九湖廣五襄陽府南漳縣條，第3716頁。
〔註245〕《通鑒》卷一百五十六《梁紀十二》武帝中大通五年，第4835頁；《魏書》卷八十《賀拔勝傳》，第1781頁。
〔註246〕《方輿紀要》卷七十九湖廣五襄陽府蔡陽城條，第3719頁。
〔註247〕《通鑒》卷一百四十八《梁紀四》武帝天監十四年，第4619頁。

表 4.1：蕭梁大寶元年（550）荊、湘、郢、雍州（寧蠻府）行政區劃表

州 （治所今地）	統郡或國 （治所、僑寄地今地）	郡統縣	備注
荊州（湖北江陵縣）	南郡王國（湖北江陵縣）	江陵、華容、當陽、臨沮、枝江、安居	南郡編縣當於 550 年前廢省
	南平王國（湖北公安縣西北）	江安、孱陵、南安、作唐	
	天門郡（湖北石門縣）	澧陽、臨澧、漊中、零陽	
	南義陽郡（僑今湖南安鄉縣）	安鄉、厥西、平氏	
	南河東郡（湖北松滋縣西北，實土）	聞喜、譙、永安、松滋	
	汶陽郡（湖北遠安縣西北）	高安、潼陽、沮陽	
	新興王國（僑今湖北江陵縣東北）	定襄、廣牧、安興	
	武寧王國（湖北荊門市北）	樂鄉、長林、惠懷	
	永寧郡（湖北荊門市西北，實土）	長寧	
湘州（湖南長沙市）	長沙王國（湖南長沙市）	臨湘、澧陵、瀏陽、建寧	
	湘東王國（湖南衡陽市）	臨烝、常寧、陰山、茶陵、攸、重安、耒陽、湘潭	
	衡陽王國（湖南株洲縣西南）	湘西、益陽、湘鄉、新康、衡山	
	零陵郡（湖南永州市）	泉陵、洮陽、零陵、祁陽、應陽、觀陽、永昌	
	永陽王國（湖南道縣東）	營浦、營道、泠道、舂陵	
	臨賀王國（廣西賀縣東南）	臨賀、富川、謝沐、馮乘、封陽、興安、撫寧	
	樂梁王國（廣西賀縣西南）	蕩山、游安	
	邵陵王國（湖南邵陽市）	邵陵、高平、邵陽、武強、都梁、扶夷	
郢州（湖北武漢市武昌區）	江夏王國（湖北武漢市武昌區）	汝南、惠懷、瀟陽	
	沔陽郡（湖北仙桃市西南）	沔陽、沌陽	
	營陽郡（當在湖北仙桃市一帶）	無考	

	州城郡（湖北洪湖市東北）	州陵	
	武昌王國（湖北鄂州市）	武昌、陽新、鄂、安昌	
	西陽王國（湖北黃州市東，實土	西陽、西陵、孝寧、蘄水	
	建安郡（湖北京山縣東南）	霄城	
	上雋郡（湖北通城縣西北）	下雋、蒲圻、樂化、沙陽	
雍州（湖北襄樊市，實土）	襄陽郡（湖北襄樊市）	襄陽、中廬、邔、建昌、率道、安武	疑505年沔東太守田青喜雖叛降北魏，但至550年蕭梁仍置有沔東郡，以鎮撫該地蠻夷
	酇城郡（湖北丹江口市東南）	酇	
	馮翊郡（湖北宜城縣東南，實土）	郃、蓮勺、高陸	
	德廣郡（湖北宜城市東南）	略陽	
	南陽郡（丹江口市東南，實土）	無考	
	新野郡（湖北宜城市東南）	無考	
	始平郡（湖北丹江口市西北，實土）	武當、武功、始平、平陽	
	義成郡（湖北谷城縣西，實土）	義成、萬年、築陽	
	華山郡（湖北宜城縣北大堤村，實土）	華山、藍田、上黃	
	興國郡（當在湖北谷城縣西）	無考	
	秦南郡（當在湖北宜城市西南）	無考	
	沔東郡（當在湖北襄陽市西南）	無考	
寧蠻府（湖北襄樊市）	南襄郡（湖北南漳縣）	新安、武昌、建武、武平	疑515年弘化太守杜桂雖舉郡降魏，但因弘化郡地處蕭梁境內，至550年當仍置有弘化郡
	安定郡（湖北南漳縣西）	思歸、歸化、皋亭、新安、土漢、土頒	
	蔡陽郡（湖北襄陽市西南）	樂安、東蔡陽、西蔡陽、新化、楊子、新安	
	弘化郡（確址乏考，疑當在湖北谷城縣西境）	無考	

說明：外有「□」符號的，表示該州、郡、縣為僑州、郡、縣。

圖 4.1：蕭梁大寶元年（550）雍州（寧蠻府）政區圖

圖4.2：蕭梁大寶元年（550）荊州、湘州、郢州政區圖

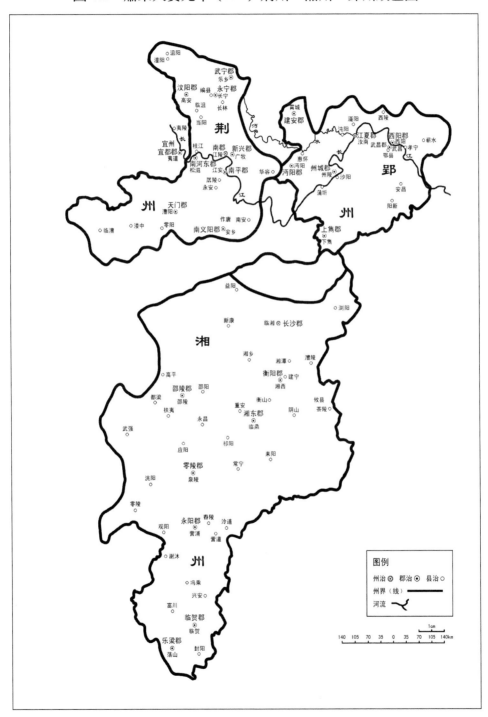

第二節　蕭梁荊、湘、郢、雍四州封爵屬地地理分布的特點與政治原因

為行文方便，現將蕭梁時期荊、湘、郢、雍四州始封者的封爵情況，按時間先後順序，列表 4.2 於文末並茲據相關史料，分為三個時期。即梁武帝在位前期（502～519 年），梁武帝在位中後期（520～549 年）和簡文帝、元帝在位時期（550～556 年）。以下依次序論述之。

一、梁武帝在位前期四州封爵屬地地理分布的特點與政治原因

1、這一時期四州封爵屬地地理分布的特點有：封爵屬地在湘州的始封者共有 22 人。後，有 4 人改封他州，即蕭穎達、鄭紹叔、柳慶遠、蕭正義。有 2 人被削爵，即趙景悅、張惠紹。則湘州實有 16 人被封。22 人中有 7 人被封郡王，即湘東、邵陵、始興、桂陽、永陽、長沙、衡陽郡王。封爵屬地在荊州的始封者共有 16 人。後，改封他州者 1 人，即江淹。被削爵者 3 人，即張稷〔註248〕、馬廣、徐元季。則荊州實有 12 人被封。16 人中僅有 1 人被封為郡王，即南平郡王。封爵屬地在郢州的始封者共有 10 人，僅 1 人被封郡王，即巴陵郡王。後，被削爵者 1 人，即彭甕生。則郢州實有 9 人被封。

從上述可知，地處內地的湘州，其政治和軍事的地位皆低於其他三州，然仍是封爵屬地最多的州。荊州次之，有 16 個封爵屬地，然僅有 1 人被封郡王。原因當是：荊州仍是長江中上游的核心區。如封國過多，必然會減少荊州用於政治和軍事的財政收入。此外，郢州封爵屬地實有 9 個，少於荊州。析其因，應是天監三年，蕭梁失司州，〔註249〕導致郢州北面大部成為和北魏接壤的邊境地區，從而加重了郢州的軍事負擔。因此，為增強郢州經濟的實力，防禦和抵抗北魏的侵擾，故封爵屬地不宜過多。又，郢州州境狹長，其境域大部荒鄙邊遠，賦稅來源較為困難。如西部的武陵郡大部位在蠻荒地帶。〔註250〕因此，於

〔註248〕張稷、蕭正圓皆被封為江安縣侯，但 513 年張稷因失職而被削去爵位，蕭正圓當在其後被封爵，詳本節南平郡江安縣條。

〔註249〕《梁書》卷二《武帝紀中》，第 41 頁。

〔註250〕關於「荒」的概念，參見北村一仁：《南北朝時期的「荒」》，載《魏晉南北朝史研究：回顧與探索——中國魏晉南北朝史學會第九屆年會論文集》，湖北教育出版社 2009 年版，第 249～260 頁。《「荒人」試論——南北朝前期的國境地域》，載《東洋史苑》第 60、61 號，2003 年。

其地專門設置了安遠護軍並立府。〔註 251〕安遠護軍是管理武陵郡非漢民族事物的行政機構，實施軍事性極強的統治，並強迫或招誘其歸降，輸賦服役，有時甚至參其內政。〔註 252〕由於郢州非漢民族眾多，徵收賦稅不便，使得地方財政收入相對較少。所以中央政府只有通過設立專門管理蠻族的行政系統，實行強制性的徵收制度，當然也包括對人力資源的掠奪。除此之外，度竟陵郡屬北江州，也使郢州的經濟、軍事實力被進一步削弱。因此，這也導致難以在郢州多立封爵屬地。

雍州無封爵，這是因為沔北地區慘遭兵燹，結果使雍州境域向西南內縮，其實力已不能和前三朝相提並論了。又，雍州直接和北魏接壤，其緊鄰北魏洛陽門戶沔北、淮北，〔註 253〕雙方戰事可隨時發生。因此雍州急需充足的兵力、物資資源，故無封爵屬地。

2、這一時期的封爵政治特點有：第一，湘、郢、荊三州的始封者。其中有雍州的土著低等士族和豪族，如范雲、曹景宗、庾域、蔡道恭〔註 254〕、樊方興〔註 255〕；還有外來並世居雍州的豪族和低等士族，如柳慶遠、柳惔、韋叡、柳忱、席闡文〔註 256〕；並包括長期雍州政治舞臺上活躍的將領，如昌義之、張弘策、鄧元起、劉坦、鄭紹叔。以上所及之 15 人皆是雍州集團

〔註 251〕　《隋書》卷二十六《百官志上》，第 740 頁。

〔註 252〕　《六朝疆域與政區研究》，第 366 頁。又，參見王延武：《兩晉南朝的治「蠻」機構與「蠻族」活動》，載《中南民族大學學報》1983 年第 3 期。

〔註 253〕　關於沔北、淮北地區的政治、軍事的重要性，參見史念海：《論我國歷史上東西對立的局面和南北對立的局面》，載《中國歷史地理論叢》1992 年第 1 期；胡阿祥：《東晉南朝的守國形勢——兼說中國歷史上的南北對立》，載《江海學刊》1998 年第 4 期；韓樹峰：《南北朝時期淮漢迤北的邊境豪族》，第 158～164 頁；陳金鳳：《魏晉南北朝中間地帶研究》，天津古籍出版社 2005 年版，第 135～147 頁。

〔註 254〕　庾域為新野人，疑與庾信、庾季才為同族，當為「北人南來之上層士族」，曹景宗、蔡道恭為「次等士族」。此外，參見陳寅恪：《魏晉南北朝史講演錄》第八篇第一節《人口流動的三個方向——東北、西北與南方》，第 111～115 頁；《述東晉王導之功業》，第 72～77 頁。

〔註 255〕　《陳書》卷三十一《樊毅傳》曰：「祖方興，……司州刺史，……毅累葉將門，少習武善射。侯景之亂，毅率部曲隨叔父文皎援臺。」家有部曲，可知樊方興出身豪族。另外，參見鄭敬高：《南朝的將門》，載《華中師範大學學報（哲社版）》1987 年第 6 期。

〔註 256〕　席闡文當為南來之「次等士族」，參見陳寅恪：《魏晉南北朝史講演錄》第八篇第一節《人口流動的三個方向——東北、西北與南方》），第 113～115 頁；《述東晉王導之功業》，第 75～77 頁。

的主要成員，〔註257〕雍州集團是梁武帝蕭衍奪取蕭齊政權時所依恃的最重要的政治、軍事力量。梁武帝以爵位封賞雍州集團的成員，顯然是為酬勞和拉攏他們。然而必須注意到的是，梁武帝以封爵的形式來提高元從故臣的政治地位，還出於其欲圖與建康的高門士族拉近政治上的差距，以便於雍州集團的骨幹能夠涉足於中心政權。這點也和天監七年（508）實施的新官制的改革目的相同。換言之，即是將「次門層」出身的人才培植成「新甲族層」〔註258〕。其次，梁武帝封宗室成員9人為郡王，目的無非是以大封宗室的手段，來提升皇族的政治地位，以便在朝廷上樹立威信，鞏固統治。

二、梁武帝在位中後期四州封爵屬地地理分布的特點與政治原因

1、這一時期四州封爵屬地地理分布的特點有：封爵屬地在湘州的始封者共有9人。1人後改封他州，即江淹後人由澧陵縣伯改封為吳昌縣伯，封爵屬地仍屬湘州。9人中共有3人被封為郡王，即始安、岳陽、臨賀三郡王。

封爵屬地在荊州的始封者共有5人。〔註259〕1人爵封郡王，即河東郡王。後，改封他州者有1人，即蕭大封。然封爵屬地在郢州僅有2個。與之相比，湘州的封爵屬地仍居首位，荊州、郢州次之，雍州仍無。這點和梁武帝前期封爵政策和目的相同。然最可關注的是，北來降人多被封予爵位。如元法僧、元景隆、元景仲父子三人，且都是實封。〔註260〕毋庸多言，梁武

〔註257〕 參見章義和：《地域集團與南朝政治》第三章《雍州集團的變遷》，第80～85頁；《南北朝時期淮漢地北的邊境豪族》第四章第三節《雍州豪族在蕭梁時期的盛衰》，第140～147頁；李天石：《蕭衍復齊建梁考論》，載《江蘇社會科學》1999年第2期。

〔註258〕 越智重明著，夏日新譯：《梁陳政權與梁陳貴族制》，收入《日本學者研究中國史論著選譯》第四卷，劉俊文主編，中華書局1992年版，第294～314頁。

〔註259〕 蕭確與王錫都被封為永安縣侯，王錫為天監中封，蕭確被封時間乏考。據《梁書》卷二十一《王錫傳》載：「（王錫）中大通六年正月，卒，子泛、湜。」第327頁。然無載「子嗣」事，疑當除國。則蕭確當在534年或其後封爵。

〔註260〕 楊光輝認為：「至於對北方少數族貴族，非但不予官爵，反倒橫加誅戮。……梁武帝的封爵政策，較前期為開明。如元樹、元略、元法僧、元顯達、元慶和、元羅等北魏宗室，投降後都封為王爵。然而梁皆以北方郡國立邑，似為虛封。」《漢唐封爵制度》，第137～138頁。然據表4.1並史載，可以斷定元法僧父子所封皆為實爵，這與上述楊光輝所持觀點不同，似反映出梁武帝對北來貴族政策的改變。

帝欲通過寵任元氏父子的方式，以招徠北人，意圖在南朝形成一股反對北魏政權的元氏宗室勢力。最終趁北魏政局混亂的機會，達到漁翁得利的政治目的。

2、這一時期的封爵政治特點有：梁武帝統治中後期，「時天下無事，高祖方信仗文雅」〔註261〕，社會風習開始由武轉為尚文。據《顏氏家訓》載：「梁世士大夫，皆尚褒衣博帶，大冠高履，出則車輿，入則扶持，郊郭之內，無乘馬者。」〔註262〕又《北齊書·杜弼傳》曰：「（北齊）高祖曰：『江東復有一吳兒老翁蕭衍者，專事禮樂衣冠，中原士大夫望之以為正朔所在。」〔註263〕梁滿倉也以為：「有梁一朝把三禮之學的發展推向了南朝的極致。梁武帝非常重視儒學，非常重視禮對治理國家的作用。……梁朝的儒學水平大大高於東晉和宋齊。」〔註264〕與之相比，習尚武力卻被時人所輕視。如蕭確「常在第中習騎射，學兵法，時人皆以為狂」。〔註265〕此種尚文鄙武的風習，促使「梁武帝統治南朝近半個世紀，流寓於南朝境內的北人豪族將種，逐漸成為不善戰的民族」〔註266〕，其結果是直接導致中後期武將的缺乏。最終，梁武帝不得不啟用北來降將，以之來彌補南朝將源不足的尷尬現狀。在這種政治背景下，楊華被封予爵位。其他還有王神念被封為南城縣侯，羊侃封爵為高昌縣侯，封羊鴉仁為廣晉縣侯等等。〔註267〕上述諸人都是北來降將，為梁武帝所寵信並被委以重任。

三、簡文帝、元帝在位中後期四州封爵屬地地理分布的特點與政治原因

這一時期四州封爵屬地地理分布和政治特點有：第一，封爵屬地在荊州的共有6人。2人被封郡王，即武寧、新興二郡王。後，有3人被殺除國，即

〔註261〕《梁書》卷九《王茂傳》，第176頁。
〔註262〕〔北齊〕顏之推撰，王利器集解：《顏氏家訓集解》卷第四涉務第十一，上海古籍出版社1980年版，第295頁。
〔註263〕《北齊書》卷二十四《杜弼傳》，第347頁。
〔註264〕梁滿倉：《魏晉南北朝五禮制度考論》，社會科學文獻出版社2009年版，第62頁。
〔註265〕《梁書》卷二十九《蕭綸附子確傳》，第436頁。
〔註266〕《魏晉南北朝史講演錄》第十一篇「楚子集團與江左政權的轉移」，第160頁。
〔註267〕《梁書》卷三十九《王神念傳》、《羊侃傳》、《羊鴉仁傳》，第556～563頁。

蕭大威、蕭大莊、王僧辯。被封在郢州的共有 4 人。2 人被封郡王即江夏、西陽二郡王。後有 1 人改封他州，即侯安都。封爵屬地在雍州的有 2 人。1 人為郡王，即南陽郡王。被封在湘州的僅 2 人。1 人為郡王，即樂梁郡王。上述四州所屬的諸王國，實際上均為侯景所封。然這些封爵屬地皆位於侯景勢力管控之外，故都為虛封。後，除樂梁王蕭大圜下落不明和江夏王蕭大款、宜都王蕭大封投奔梁元帝外，其他諸王都被侯景殺害。又，江夏、宜都二郡為梁元帝所控制，他不願簡文帝之子大款、大封二人續封其所轄之地，故遂分別改封二人為汝南、臨川郡王。然汝南、臨川二郡當時都不在梁元帝實轄範圍之內，這反映出梁元帝排斥其他宗室的狹隘政治心理。

第二，杜氏家族世居襄陽。杜岸、杜幼安、杜龕、杜崱兄弟本為雍州豪族。他們忠於蕭繹，並屢立殊勳。尤其是杜崱、杜龕叔姪二人，最終敗侯景、破陸納、平蕭紀。史稱杜氏「頻殄寇逆，勳庸顯著，卒為中興功臣」。〔註268〕故他們深得梁元帝的寵信。梁元帝為表其功勳，封杜氏叔姪四人侯爵。後，杜崱進爵為公，一門榮耀。

第三，王僧辯、庾季才、淳于量三人原是湘東王府的故府臣僚，〔註269〕也是荊楚集團的重要成員。上述三人得以封爵的原因，無疑是荊、雍二州土著人士逐漸掌握了江陵的中心權力，後來他們也是梁元帝決心定都於江陵的關鍵影響因素。〔註270〕南宋葉適評蕭繹定都江陵之事時，曰：「然使即歸舊都，當使（王）僧辯（陳）霸先皆無異志而並獲其用，北人不能徑渡，必不身遭屠戮也。」〔註271〕然而葉氏也只能徒發一些感慨而已。

〔註268〕《梁書》卷四十六《杜崱傳》，第 646 頁。

〔註269〕《梁書》卷十一《淳于量傳》，第 179 頁；《北史》卷八十九《藝術傳上》，第 2947 頁。

〔註270〕孫繼民：《試析梁元帝時期的還都之議》，收入《地域社會在六朝政治文化上所起的作用》，谷川道雄主編，玄文社 1989 年版，第 216～225 頁；章義和：《地域集團與南朝政治》第四章「荊州勢力的興衰與南朝政治」，第 101～114 頁。

〔註271〕〔宋〕葉適：《習學記言序目》卷第三十二梁書一，中華書局 1977 年版，第 470～471 頁。

表4.2：蕭梁荊、湘、郢、雍州封爵表

	始封者	籍貫	封爵	時間 （置～省年）	受封原因 （歷任主要官職）	出處 （書／卷／頁）	備注
1	蕭穎達	南蘭陵蘭陵	吳昌縣侯，作唐縣侯	502～502 年，502～554 年	以佐命功（信威將軍、右衛將軍）	梁書／10／189	
2	張稷，蕭圓正	吳郡，南蘭陵蘭陵	江安縣侯	502～513 年，？～554 年	預殺齊東昏侯功（青冀二州刺史），蕭紀之子（散騎常侍）	梁書／16／270～272，梁書／5／114	513 年張稷被害並被削爵
3	馬廣	不詳	松滋縣侯	502～509 年	疑為佐命元勳	魏書／8／207	509 年被北魏所俘虜
4	江淹	濟陽考城	臨沮縣伯，醴陵縣伯，吳昌縣伯	502～502 年，502～？年，531～557 年	梁武帝元從（散騎常侍、左衛將軍）	梁書／14／247、250～251	
5	蕭穎胄	南蘭陵蘭陵	巴東郡公	502～554 年	預梁武帝舉義（荊州刺史）	梁書／10／189	
6	昌義之	歷陽烏江	永豐縣侯，營道縣侯	502～516 年，516～557 年	梁武帝元從（平北將軍、北徐州刺史）	梁書／18／293～295	
7	曹景宗	新野	竟陵縣侯，竟陵縣公	502～506 年，506～550 年	梁武帝元從（侍中、江州刺史）	梁書／9／178～181	
8	范雲	南鄉舞陰〔註272〕	霄城縣侯	502～554 年	佐命元勳（尚書右僕射）	梁書／13／229～231、232	
9	蕭子雲	南蘭陵蘭陵	新浦縣子	502～554 年	籠絡蕭齊後裔	梁書／35／513～515	蕭子恪之弟
10	徐元季	不詳	當陽縣伯	502～509 年	疑為佐命元勳	魏書／8／207	509 年被北魏俘虜
11	柳慶遠	河東解	重安縣侯，雲杜縣侯	502～503 年，503～554 年	以佐命功（中領軍，雍州刺史）	梁書／9／182～183	
12	蕭暢	南蘭陵蘭陵	衡陽郡王	502～557 年	宗室	梁書／2／35	梁武帝之弟

〔註272〕南鄉郡無舞陰縣，疑史載誤。參見《南朝境內之各種人及政府對待之政策》，第 51 頁。

13	蕭懿	同上	長沙郡國	502〜557 年	宗室	梁書／2／35	梁武帝之兄
14	蕭敷	同上	永陽郡王	502〜557 年	宗室	梁書／2／35	梁武帝之兄
15	蕭融	同上	桂陽郡王	502〜557 年	宗室	梁書／2／35	梁武帝之弟
16	蕭憺	同上	始興郡王	502〜557 年	宗室（荊州刺史）	梁書／22／353〜355	梁武帝之弟
17	柳惔	河東解	曲江縣侯	502〜557 年	梁武帝元從（湘州刺史）	梁書／12／217〜219	
18	趙景悅	不詳	祁陽縣男	502〜504 年	疑為佐命元勳	魏書／8／197	504 年被北魏所俘
19	韋叡	京兆杜陵	都梁子，永昌縣子，永昌縣侯	502〜503 年，503〜506 年，506〜557 年	以佐命功、軍功（散騎常侍、護軍將軍，寧蠻校尉、雍州刺史）	梁書／12／220〜225	
20	張惠紹	不詳	邵陽縣侯	502〜504 年	疑為佐命元勳	魏書／8／197	504 年被北魏所俘
21	柳忱	河東解	州陵縣伯	502〜555 年	梁武帝元從（湘州刺史）	梁書／12／218〜219	
22	張齊	馮翊	安昌縣侯	502〜557 年	殺齊東昏帝功（南梁州刺史）	梁書／17／281〜283	
23	蕭寶融	南蘭陵蘭陵	巴陵郡王	502〜557 年	齊帝	梁書／2／34	
24	蕭昭冑	南蘭陵蘭陵	監利縣侯	502〜557 年	宗室	南史／44／702〜703	蕭子良之子
25	彭甕生	不詳	遷陵縣子	502〜509 年	疑為梁武帝元從	魏書／8／207	509 年被北魏俘虜
26	馬仙琕	扶風郿	含洭縣伯，含洭縣侯	505〜512 年，512〜557 年	以軍功（司州刺史，輔國將軍）	梁書／17／279〜281	
27	裴邃	河東聞喜	夷道縣子，夷道縣侯	506〜524 年，524〜554 年	以軍功（豫州刺史）	梁書／28／413〜415	
28	庾域	新野	廣牧縣子，廣牧縣伯	（天監初）〜505 年，505〜554 年	梁武帝元從（寧朔將軍、巴西梓潼二郡太守）	梁書／11／208	
29	張弘策	范陽方城	洮陽縣侯	（天監初）〜557 年	以佐命功（散騎常侍）	梁書／11／205〜208	

30	蕭子範	南蘭陵蘭陵	祁陽縣子	（天監初）～557年	宗室（祕書監）	梁書／35／510	蕭子恪之弟
31	鄭紹叔	滎陽開封	營道縣侯	（天監初）～516年	梁武帝元從（通直散騎常侍、右衛將軍）	梁書／11／209～211	516年改封東興縣侯
32	鄧元起	南郡當陽	當陽縣侯，松滋縣侯	（天監初）～505年，509～554年	為梁武帝元從（益州刺史）	梁書／10／197～200	505年鄧元起被殺
33	劉坦	南陽安眾	荔浦縣子	（天監初）～557年	以佐命功（西中郎長史）	梁書／19／300～301	
34	王珍國	沛國相	灉陽縣侯	（天監初）～504年	預殺齊東昏帝功（湘州刺史）	梁書／17／277～279，魏書／8／198	504年改封宜陽縣侯
35	蔡道恭	南陽冠軍	漢壽縣伯	（天監初）～？年	預梁武帝舉義功（司州刺史）	梁書／10／193～195	
36	王錫，蕭確	琅邪，南蘭陵蘭陵	永安縣侯	（天監中）～534年，534～554年	外戚，宗室（太子中舍人）	梁書／21／326～327，梁書／29／436～437	蕭確為蕭綸之子
37	蕭祗	南蘭陵蘭陵	定襄縣侯	（天監中）～554年	宗室	南史／52／1294	蕭偉之子
38	席闡文	安定臨涇	湘西縣伯	（天監中）～557年	以佐命功（都官尚書、輔國將軍）	梁書／12／219～220	
39	蕭正義	南蘭陵蘭陵	平樂縣侯	（天監中）～511年	宗室	梁書／22／341	蕭宏之子，511年襲爵臨川王
40	蕭綸	同上	邵陵郡王	514～525年，527～557年	梁武帝之子（南徐州刺史，中衛將軍）	梁書／29／431～436	
41	蕭繹	同上	湘東郡王	514～552年	梁武帝之子	梁書／2／54	
42	蕭偉	同上	南平郡王	518～554年	宗室（中書令、大司馬）	梁書／3／58	梁武帝之弟
43	蕭曄	同上	上黃縣侯	（519年後）～554年	宗室	南史／52／1340	蕭憺之子
44	樊方興	南陽湖陽	魚復縣侯	（天監時）～554年	疑預梁武帝舉義（司州刺史）	陳書／31／415	
45	蕭歡	南蘭陵蘭陵	華容縣公	（521）～531年	宗室（東中郎將南徐州刺史）	南史／53／1312	蕭統長子，531年進封豫章郡王

46	元法僧	（北魏）洛陽	始安郡公	525～557年	降梁（郢州刺史）	梁書／39／553～554	
47	蕭推	南蘭陵蘭陵	南浦縣侯	525～554年	宗室（戎昭將軍、吳郡太守）	梁書／22／364	蕭秀之子，時南浦縣已度屬信州
48	元景隆	（北魏）洛陽	沌陽公國	525～555年	元法僧子，隨父投梁	梁書／39／554	
49	楊華	武都仇池	益陽縣侯	？～552年	以軍功（太子左衛率）	梁書／39／556～557	
50	蕭昂	南蘭陵蘭陵	湘陰縣侯	528～557年	宗室（江州刺史）	梁書／24／370～371	梁武帝從父弟
51	蕭譽	同上	枝江縣公，河東郡王	529～531年，531～550年	宗室（雍州刺史）	梁書／55／829～830	蕭統次子，550年被害
52	元景仲	（北魏）洛陽	枝江縣公	531～548年	元法僧之子，隨父投梁（廣州刺史）	梁書／39／554	
53	蕭詧	南蘭陵蘭陵	岳陽郡王	531～552年	宗室（雍州刺史）	梁書／3／75	蕭統之子，552年割據一方
54	蕭大心	同上	當陽縣公	532～549年（或550年）	宗室（江州刺史）	梁書／44／613～615	梁簡文帝之子，後進封尋陽王
55	蕭正德	同上	臨賀郡王	532～557年	宗室（大司馬）	梁書／55／828～829	蕭宏之子
56	蕭詧	同上	武昌郡王	537～557年	宗室	梁書／3／81	梁昭明太子之子
57	蕭大雅	同上	瀏陽縣公	543～557年	宗室	梁書／44／616～617	梁簡文帝之子
58	蕭退	同上	湘潭縣侯	？～557年	宗室	南史／52／1296	蕭恢之子
59	蕭該	同上	攸縣侯	？～554年	宗室	北史／82／2759	蕭恢之子
58	蕭淵明	同上	貞陽縣侯	？～555年	宗室（豫州刺史）	梁書／6／144，北齊書／33／441～442	蕭懿之子

60	蕭大連	同上	南陽郡王	549（或 550 年）～551 年	宗室（東揚州刺史）	梁書／44／615～616	梁簡文帝之子，551年被害
61	杜岸	京兆杜陵	江陵縣侯	（太清中）～554 年	為梁元帝所信（平北將軍、北梁州刺史）	梁書／46／643	
62	杜幼安	同上	華容縣侯	（太清中）～554 年	為梁元帝所信（西荊州刺史）	梁書／46／643～644	
63	杜龕	同上	中廬縣侯	（太清中）～554 年	為梁元帝所信（南豫州刺史）	梁書／46／644～645	
64	杜崱	同上	枝江縣侯，枝江縣公	548～551 年，551～554 年	以討侯景功（江州刺史）	梁書／46／641～642	為蕭詧所害
65	蕭大款	南蘭陵蘭陵	江夏郡王	549～550 年	宗室	梁書／4／105，梁書／5／114	梁簡文帝之子，550年改封臨川郡王
66	蕭大封	同上	宜都郡王	549～552 年	宗室	梁書／4／105，南史／54／1342	梁簡文帝之子，552年改封汝南王
67	周鐵虎	不詳	沌陽縣子，沌陽縣侯	549～573 年，553～589 年	以軍功（仁威將軍、潼州刺史）	陳書／10／169～170	梁時南渡
68	周炅	汝南安城	西陵縣伯，西陵縣侯	549～552 年，552～573 年	為梁元帝所信（高州刺史）	陳書／13／203～205	573 年改封龍源縣侯
69	蕭大威	南蘭陵蘭陵	武寧郡王	550～551 年	宗室（丹陽尹）	梁書／44／617	梁簡文帝之子，551年被害
70	蕭大莊	同上	新興郡王	550～551 年	宗室（南徐州刺史）	梁書／44／617	梁簡文帝之子，551年遇害
71	蕭大球	同上	建平郡國	550～551 年	宗室（輕車將軍）	梁書／44／617～618	梁簡文帝之子，551年遇害。時已屬信州。
72	蕭大圜	同上	樂梁郡王	550～557 年	宗室	梁書／4／107	梁簡文帝之子

73	蕭大鈞	同上	西陽郡王	550～551 年	宗室	梁書／44／617	梁簡文帝之子，551年被害
74	胡僧祐	南陽冠軍	新市縣侯	551～554 年	為梁元帝所信（車騎將軍、開府儀同三司）	梁書／46／639～640	時已度屬北新州
75	王僧辯	太原祁	長寧縣公，永寧郡公	552～552 年，552～555 年	平侯景亂（鎮衛將軍、司徒）	梁書／45／623～630、635	555 年被殺
76	庾季才	新野	宜昌縣伯	552～554 年	為梁元帝所信（中書郎，太史）	北史／89／2947	時已屬宜州。庾季才554年被俘，
77	侯安都	始興曲江	富川縣子，富川縣侯	552～556 年，556～557 年	以軍功，為陳高祖元從（南徐州刺史）	陳書／8／143～144	改封西江縣公
78	淳于量	濟北	謝沐縣侯	552～567 年	預平侯景亂（桂州刺史）	陳書／11／179～180	
79	周弘直	汝南安城	湘濱縣侯	552～557 年	為梁元帝所信（行湘州府州事）	陳書／24／310	時已度屬羅州
80	歐陽頠	長沙臨湘	始興縣侯	552～560 年	以軍功（衡州刺史）	陳書／9／157～158	時已度屬衡州
81	蕭方略	南蘭陵蘭陵	始安郡王	552～557 年	梁元帝之子	梁書／5／132	時已度屬桂州
82	蘭欽	中昌魏〔註273〕	曲江縣公	？～557 年	以軍功（衡州刺史）	梁書／32／466	時已度屬衡州
83	樊毅	南陽湖陽	夷道縣伯，夷道縣侯	（梁元帝時）～？年，？～554 年	效力於梁元帝（通騎散騎常侍、貞威將軍）	陳書／31／415	時已度屬宜州

第三節　蕭梁分割荊、郢、湘三州與僑置郡縣的政治地理因素

　　據本章第一節所論，蕭梁再次對荊、郢、湘三州進行了分割，並大量設置新州及僑置郡縣。細究之，大致當有以下幾種原因：第一，為了加強邊陲

〔註273〕《廿二史考異》卷二十六梁書條曰：「按《南齊書州郡志》，梁州有東昌魏郡，又新城郡有昌魏縣，初不見中昌魏之名。」第446頁。

重地的軍事型功能。天監三年（504），北魏陷司州義陽郡後，〔註274〕使竟陵、齊興二郡戰略地理位置更加突出。據《梁書・蕭景傳》載：「竟陵郡接魏境，多盜賊。」〔註275〕可見竟陵郡防禦北魏和剿除盜匪的軍事任務很重。齊興郡在竟陵郡之北，軍事上的重要性自然不言而喻。又《郢州都督蕭子昭碑銘》曰：「初……竟陵，犬牙虜界，縛馬詛軍，亟有竊發。」〔註276〕總之，竟陵、齊興二郡作為南北政權交爭之地，是北邊的軍事重鎮。如單獨成立軍事型政區，無疑可以對抗來至北方政權的侵擾。更為重要的是竟陵郡在經濟上可以自給。梁武帝曾說過：「溳城〔註277〕、竟陵間粟，方舟而下；江陵、湘中之兵，連旗繼至。糧食既足，士眾稍多，……天下之事，臥取之耳。」〔註278〕又裴邃「出為竟陵太守，開置屯田，公私便利」。〔註279〕顯然竟陵郡成為產糧重地並負責軍糧的供應。梁武帝出於竟陵郡經濟上的獨立性以及竟陵、齊興二郡邊陲重地的特點，於是割竟陵、齊興二郡置北新州（詳本章第一節郢州條）。北新州的設置，在一定程度上，緩解了北魏對於郢、司二州邊境地帶的軍事壓力。後，梁武帝「尋分北新州為土、富、泂、泉、豪五州（詳本章第一節郢州條）」，其目的也是為了在邊境地區多設軍事重鎮，進而形成大大小小的防禦據點，互相呼應、彼此相連。並使其即可成為抵禦北朝的屏障，也可作為以後待機北伐的據點。〔註280〕

〔註274〕《梁書》卷二《武帝紀中》曰：「（天監三年），八月，魏陷司州，詔以南義陽置司州。」第41頁；又卷三《武帝紀下》載：「（大通二年）魏郢州刺史元願達以義陽內附，置北司州。」第72頁。則蕭梁於504年失義陽郡，至528年才收復義陽郡。

〔註275〕《梁書》卷二十四《蕭景傳》，第370頁。

〔註276〕〔梁〕孝元帝：《郢州都督蕭子昭碑銘一首並序》，收入《日藏弘仁本文館詞林校證》，第186頁。

〔註277〕顧祖禹認為：「梁武帝攻魯山，謂郢城、……郢城即安陸之別名矣。」《方輿紀要》卷七十七湖廣三德安府安陸縣郢城條，第3610頁。從之。

〔註278〕《梁書》卷一《武帝紀上》，第9頁。

〔註279〕《梁書》卷二十八《裴邃傳》，第414頁。

〔註280〕周振鶴認為：「在（漢）武帝時期，從東到西方向，西漢的北邊郡依次為遼東、遼西、右北平、漁陽、上谷、……這些邊郡大多數都設置有專門的軍事機構都尉，……這明顯地為了有多頭的防禦進攻能力。而且正北方的邊郡在形狀上都有一個共同的特點，即都是南北向長，東西向窄。……邊郡的形狀也顯然是為了強化軍事攻防的力度，增加多頭的出擊或防禦方向。」《中國行政區劃通史・總論》「終章」，收入《中國行政區劃通史・總論、先秦卷》，復旦大學2009年版，第201頁。受周氏啟發，筆者認為梁武帝在邊陲廣置軍事型重州與漢武帝在北方多置邊郡亦有異曲同工之妙。

第二，為了削弱地方政治勢力。茲以實例分析之：1.梁武帝在雍州起兵後，受阻於郢州達二百餘日之久。後，遂分郢州置北新州。無疑北新州的設置，實含有削弱郢州地方政治地理優勢的目的。2.大寶元年，梁元帝逼走邵陵王蕭綸，以世子蕭方諸為郢州刺史（詳本章第一節郢州條）。同時割郢州立巴、沅二州。這當是因為梁元帝新得郢州，為穩定該州的政局。即將郢州分為上、中、下三個政區，當然這是為了利於中央的統治。3.梁元帝分湘州置羅州（詳本章第一節郢州考）。細究之：當主要與梁元帝蕭繹的猜忌心理相關。如梁元帝「秉性猜忌，不隔疏近，御下無術」。王僧辯忠心輔助蕭繹，後奉命討伐蕭譽，因稍作遲疑，即被「性嚴忌」的梁元帝斫傷，以至於悶絕。又陸法和在江夏「大聚兵艦，欲襲襄陽而入武關」，然終為防範心理極強的梁元帝所阻止，只好被迫放棄。後西魏舉兵犯江陵，「（陸）法和自郢州入漢口，將赴江陵」，又被梁元帝制止，遂使江陵輕易陷沒。此外，王琳雖傾心輔助梁元帝，並願「為雍州刺史，使鎮武寧，……放兵作田，為國捍禦」。但終因梁元帝「性多忌，以（王）琳所部甚眾，又得眾心，故出之嶺外」。〔註281〕總之，梁元帝這種狹隘、猜忌的政治心理，必然促使其不願看到湘州坐大，終分羅州以牽制之。

第三，為籠絡地方實力派。如梁元帝分湘州置營州（詳本章第一節湘州政區條），無疑就是出於這種意圖。據史料記載，零陵人李洪雅趁「侯景之亂，……據其郡」。梁元帝為了拉攏遠離江陵中心的地方土著政治勢力，以便為以後控制湘州作好準備，「即以（李洪雅）為營州刺史」。〔註282〕

第四，為鎮撫蠻僚俚族，開發邊遠地方經濟。東晉南朝由於境域內縮，編戶減少，從而加緊了對南方非漢民族賦役資源的開闢，其中「主要有納貢性質的責賧制度、正常的課稅制度、兵役負擔乃至武力掠奪」〔註283〕。蕭梁政權也無例外。其中梁武帝分荊州置信州，分湘州置衡、桂二州（詳本章第一節荊州和湘州政區條）以及割郢州立新州主要都是出於這種考慮。以下茲以四州為例，略述之。

劉宋時期，巴東、建平二郡蠻、僚、蜑族遍布，如《梁書·孫謙傳》載：「（劉宋泰始初，孫謙為）巴東建平二郡太守。郡居三峽，恒以威力鎮之。……

〔註281〕《梁書》卷五《元帝紀》，第136頁；《梁書》卷四十五《王僧辯傳》，第624頁；《北齊書》卷三十二《陸法和王琳傳》，第430頁、第432～433頁。
〔註282〕《通鑑》卷一百六十四梁紀二十元帝承聖元年，第5095頁。
〔註283〕方高峰：《試論東晉南朝時期少數民族的賦役負擔》，載《邵陽學院學報（社會科學）》2003年第4期。

（謙）至郡，布恩惠之化，蠻僚懷之。」〔註284〕此外，在蕭梁時三峽蠻僚之
患加重。如《魏書·蠻族》曰：「有冉氏、向氏者，陬落尤盛，餘則大者萬家，
小者千戶，更相崇僭，稱王侯，屯據三峽，斷遏水路，荊、蜀行人至有假道者。」
〔註285〕蠻獠勢力如此強盛，又不順服中央的統治，必然不利於地方政局的穩
定。巴東、建平二郡中尤以建平蠻、臨江蠻實力較強〔註286〕。如建平蠻、臨
江〔註287〕（今重慶忠縣）蠻使者曾單獨出現《職貢圖》中〔註288〕，並且和百
濟、高句麗、波斯、宕昌、鄧至等國貢使同列。王安泰認為：「蕭梁所設定的
職貢範圍，是所有非漢人的國家或勢力，不重視其所在位置的差異。」〔註289〕
從《職貢圖》可以看出，蕭梁西南地區入畫的蠻族中，僅有天門蠻、建平蠻和
臨江蠻。無需所言，後二者的勢力自然不可小覷。故梁武帝在此設置信州，就
是為了便於羈縻，乃至鎮撫、管轄二郡的「非漢的勢力」。〔註290〕

　　此外，衡、桂二州境域內的蠻、俚二族分布較廣，無疑設置衡、桂二州
便於集中軍事力量，掠取豐富的人力、物質資源。如中大通年間（529～534
年），桂陽、陽山、始興三郡俚人起事。於是「假（蘭）欽節，都督衡州三郡
兵，討桂陽、陽山、始興叛蠻，至即平破之」，後「又破天漆蠻帥晚時得」；原
衡州刺史元慶和，破嚴容羅溪，「於是長樂諸洞一時平蕩」。〔註291〕又據《陳
書·歐陽頠傳》載：「（蘭）欽南征夷僚，擒陳文徹，所獲不可勝計，獻大銅

〔註284〕《梁書》卷五十三《孫謙傳》，第772頁。
〔註285〕《魏書》卷一百一《蠻傳》，第2248頁。
〔註286〕參見趙燦鵬：《南朝梁元帝〈職貢圖〉題記佚文的新發現》，載《文史》2011
　　　　年第1輯；劉美崧：《建平蠻、天門蠻、臨江蠻興衰述略——魏晉南北朝時
　　　　期的土家族先民》，載《魏晉南北朝史論文集》，中國魏晉南北朝史學會編，
　　　　齊魯書社1991年版，第240～255頁。
〔註287〕〔明〕曹學佺著，劉知漸點校：《蜀中名勝記》卷之十九上川東道忠州引《郡
　　　　國志》云：「梁於此立臨江郡。」重慶出版社1984年版，第271頁。
〔註288〕金維諾認為：《職貢圖》為蕭繹第一次出任荊州刺史（526～539年）所繪（氏
　　　　著《「職貢圖」的時代與作者——讀畫箚記》，載《文物》1960年第7期）。
　　　　從之。
〔註289〕《再造封建——魏晉南北朝的爵制與政治秩序》，第293頁。
〔註290〕王萬雋以為：「位處於東晉南朝境內的蠻人，尤其以江湘之間的蠻酋並未看
　　　　到被授與官職的記載。他們與東晉南朝國家長期以來只以爵位維持政治關
　　　　係，東晉南朝政權並未認真考慮將蠻酋任命為地方長官以控制這些地區。」
　　　　《秦漢至南朝的國家與蠻人：以政區、官爵和賦役制度為中心》，第245頁。
　　　　然蕭梁雖未必有直接控制該地區蠻夷的措施或意圖，但信州的設立，即有羈
　　　　縻、鎮撫該地蠻夷，徵收賦稅的目的，並防備非漢人的侵擾。
〔註291〕《梁書》卷三十二《蘭欽傳》，第466頁。

鼓，累代所無，……時湘衡之界五十餘洞不賓，敕令衡州刺史韋粲討之，粲委（歐陽）頠為都督，悉皆平殄。……仍加超武將軍，征討廣、衡二州山賊。」〔註292〕總之，隨著梁陳疆域的縮小，長江以北蠻區及梁益獠區漸入北朝之手，嶺南地位上升，俚事漸重。〔註293〕與之相同，蕭梁對衡、桂二州蠻、俚族的征討，即是因為這一地區在梁末的重要性開始上升。另外一方面，中央政府涉足二州，在一定程度上促進了這一地區的經濟發展，進而是文化的進步。即「文化進步總是跟在經濟發展後面的」〔註294〕。換言之，即這一地區漢文化水平也得到了提高。〔註295〕由於衡、桂二州大部分境域位於嶺南地區，故二州經濟的發展、漢文化的傳入，對整個地區的開發而言，無疑具有輻射和推動的作用。〔註296〕

除上述外，新州是梁武帝平定蠻夷後所設置的。如《元和志》引《周地圖記》載：「蠻人酋渠田金生代居此地，常為邊患，梁普通末，遣郢州刺史元樹討平之，因置新州。」〔註297〕毋需多言，設置新州的目主要為了鎮撫該地蠻夷。此外，新州和土、富、洄、泉、豪五州聯成一片，軍事上即起到了防禦和反擊北魏的作用。

又，上述四州取消了劉宋、蕭齊以來的左郡左縣。〔註298〕分析其原因，

〔註292〕《陳書》卷九《歐陽頠傳》，第 157 頁。

〔註293〕《六朝疆域與政區研究》第九章第四節，第 375 頁。

〔註294〕陳正祥：《中國文化地理》第一篇，生活·讀書·新知三聯書店 1983 年版，第 3 頁。

〔註295〕《梁書》卷四十八《儒林傳》曰：「（盧廣）天監中歸國。……出為始安太守，……時北來人儒學者有崔靈恩、孫詳、蔣顯，並聚徒講說，而音辭鄙拙；惟廣言論清雅，不類北人。」第 678 頁。始安郡為蠻、俚族集中之地，大儒盧廣出任始安郡，對該郡儒家文化的傳播定有促進作用。

〔註296〕關於蕭梁時期嶺南地區的發展狀況，參見廖幼華：《歷史地理學的應用——嶺南地區早期發展之探討》，臺北文津出版社 2004 年版，第 67～73 頁、第 132～134 頁；劉希為、劉磐修：《六朝時期嶺南地區的開發》，載《中國史研究》1991 年第 1 期；張澤洪：《魏晉南朝蠻、僚、俚族對南方經濟發展的貢獻》，載《中國社會經濟史研究》1989 年第 2 期；張兢兢：《蕭梁嶺南的華夏統治與俚獠人群——以交廣兩地的分途異向為中心》，載《中央民族大學學報（哲學社會科學版）》2020 年第 4 期。

〔註297〕《元和志》卷第二十一山南道二郢州，第 537 頁。

〔註298〕王萬雋認為：「儘管左郡左縣設立多在蠻人原有聚落上，且在賦役方面多有優待，不過……在郡縣首長的選任上並非如學界認為的，盡是蠻首充任，亦存在外派流官的情形。」《秦漢至南朝的國家與蠻人：以政區、官爵和賦役制度為中心》，第 203 頁。

當是：一，如谷口房男所說：「由於北魏南侵和蠻人北上等原因，北朝所控制的領土擴大了，南朝疆域則大幅縮小，所以一部分蠻人居住地區被納入北朝疆域。在這個過程中，出現一部分蠻人內屬蕭梁之事。」〔註299〕蠻族的內屬，說明他們基本上接受了漢文化，並順從內地的統治方式。因此，再設立左郡左縣也就失去了原有的政治意義。另外，「南朝政權為了鞏固統治，增加勞動人手和賦役征伐，促進對外交往，十分重視對蠻、獠、俚等少數民族的統治和控制並為此制定了基本政策。」〔註300〕這些政策包括逐漸廢除左郡左縣的制度，以加快非漢民族和內地漢人的融合。如《隋志》曰：「南郡、夷陵、竟陵、……襄陽、……江夏諸郡，多雜蠻左，其與夏人雜居者，則與諸華不別。」〔註301〕蠻族和漢人長期雜居，必然會加快蠻族的華夏化的進程。〔註302〕同時中央政府為了更好地管理「與諸華不別」的蠻左，即漸以內地漢人的郡縣組織機構對其進行管理。二，如胡阿祥所說：「梁陳廢除了此種制度。以蠻俚獠所置郡縣，不再另加『左』、『俚』、『獠』等名號，其所管轄的蠻俚獠民，賦稅徭役漸同於漢人編戶齊民。這應該是統治深化的結果。」並「標誌了其漢化的過程及所達到的一定程度」及其「梁陳兩代建立了新的治蠻俚獠制度。」〔註303〕同時漢化的過程，使得遷到內地的「異族」對於本部落的起源造成了「失憶」，後來他們都自以為來源於「漢人」祖先。〔註304〕故文化的重合，使左郡左縣失去了其存在的社會土壤。

第五，蕭齊末期，雖失沔北之地。然蕭梁隨即就在沔南僑立新野、南陽二郡並徙義成郡於築陽縣，省南天水郡，且度略陽縣屬德廣郡（詳本章第一

〔註299〕〔日〕谷口房男：《南北朝時期的蠻酋》，收入《魏晉南北朝隋唐史學的基本問題》，谷川道雄主編，中華書局 2010 年版，第 93 頁。後陳朝也有蠻人內屬之事，如《陳書》卷三《世祖紀》曰：天嘉二年（561），「霍州西山蠻率部落內屬。」第 54 頁。

〔註300〕簡修煒、莊輝明、章義和著：《六朝史稿》，華東師範大學出版社 1991 年版，第 290 頁。

〔註301〕《隋志下》尚書荊及衡陽惟荊州條，第 897 頁。

〔註302〕參見程剛：《唐宋時期嶺南風俗變遷》，載《賀州學院學報》2019 年第 4 期。

〔註303〕《六朝疆域與政區研究（增訂本）》第九章第四節，第 375 頁。

〔註304〕正如王明珂所說：「許多被遷到內地的異族，在東漢到魏晉時期紛紛宣稱自己是有虞氏之後、夏后氏之後、周人之後。顯然由於對本落起源的『失憶』，以及因戰亂遷徙造成有利於失憶的環境，後來他們都成了『炎黃子孫』。」《華夏邊緣：歷史記憶與族群認同》，第 316 頁。此點也適用於解釋蕭梁時期左郡、左縣因何而消亡。

節雍州條）。關於東晉、南朝僑郡縣設置的背景及其原因，胡阿祥已論述詳盡。
〔註305〕故不再贅述。以下僅從人物與地域的關係，探討一下蕭梁僑置新野、
南陽二郡以及遷徙義陽郡和保留略陽縣的原因。眾所周知，蕭梁政權（包括
梁元帝在位時期）所依恃的力量主要來源於雍州本地的豪族、士族或世居雍
州的豪族、低等士族。他們或為元勳、故從，或是俱有社會影響力的名儒，或
孝行、文學為當世楷模的士人，或為隱士，或為良吏，皆是蕭梁統治階層的
重要成員。其中大多數人的籍貫在南陽、新野二郡。如曹景宗、庾域、庾黔
婁、庾於陵、庾詵、庾蕐為新野郡人；蔡道恭、鄧元起、宗夬、宗岳、劉坦、
樂藹、劉之遴、劉之亨、宗懍、胡僧祐、張孝秀是南陽郡人。〔註306〕上述諸
人地域鄉里觀念十分濃厚。〔註307〕如曹景宗曾說過：「我昔在鄉里，騎快馬
如龍，與年少輩十數騎，拓弓弦作霹靂聲，箭如餓鵝叫。……此樂使人忘死，
不知老之將至。今來揚州作貴人，動轉不得，……閉置車中，如三日新婦。遭
此邑邑，使人無氣。」〔註308〕又「（鄧）元起位已高，而解巾不先州官，則不
為鄉里所悉，元起乞上籍出身州從事。」〔註309〕諸如此類的記載，俯拾皆是。

　　總之，為了迎合雍州人士濃厚的鄉里觀念，保持他們與宗族、鄉里的密
切關係。故梁武帝在沔南地區僑置南陽、新野二郡。無需多言，僑立二郡也
有招徠流民，穩定民心，使其安居樂業的目的。此外，南陽、新野二郡，向來
風俗出騎射〔註310〕。如《隋志》亦云：「南陽古帝鄉，搢紳所出，自三方鼎
力，地處邊疆，戎馬所萃，失其舊俗。」〔註311〕南陽、新野二郡本是「雍州
騎射」〔註312〕的重要來源地，它為蕭梁政權提供大量的精兵良將以及戰略物
質。在這方面，義成郡的遷徙、略陽縣的保留就更能夠說明這個問題。如義

〔註305〕《六朝疆域與政區研究》第七章第二節，第253～277頁。
〔註306〕參見《梁書》上述諸人列傳。
〔註307〕參見劉增貴著：《晉南北朝時代的鄉里之情》，收入《欲掩彌彰：中國歷史文
　　　　化中的「私」與「情」——公義篇》，熊秉真主編，漢學研究中心2003年版，
　　　　第11～37頁。關於「鄉里「的概念，參見中村圭爾：《「鄉里」の倫理——
　　　　六朝貴族社會のイデオロギー》，《東洋史研究》，第41卷第1號，京都，
　　　　1982年（後收入《六朝貴族制研究》，風間書房1987年版）。
〔註308〕《梁書》卷九《曹景宗傳》，第181頁。
〔註309〕《南史》卷四十九《庾杲之附蕐傳》，第1211頁。
〔註310〕《南齊書》卷二十五《張敬兒傳》，第464頁。
〔註311〕《隋志中》豫州於禹貢為荊州之地條，第843頁。
〔註312〕參見余遜：《南朝之北士地位》，載《輔仁學誌》十二卷一二合期，1943年，
　　　　第34～36頁。

成郡原本是桓宣所率領的淮南部曲所立（詳第一章第一節義成郡條），同時略陽縣是劉宋為安撫北來的氐人流民所立。故二地的鄉里色彩非常濃厚。換言之，義成郡、略陽縣的僑民是典型的鄉族集團〔註313〕，也是武裝化的流民集團。他們是歷代南朝政權的重要軍事力量。總之，無論是義成郡的遷徙還是略陽縣的保留，都是蕭梁為了使這一地區的僑民武裝集團繼續能為其所用，並為獲取更多的賦稅收入而設置的。

　　綜上述，蕭梁再次分割荊、郢、湘三州及僑立郡縣，大體可歸因於上述五個方面。其政治目的無非是為了鞏固內部的統治。但荊、郢、湘三州的再次分割，使三州的政治、經濟實力進一步被削弱。以至於在和北方政權的對抗中，難以集中力量與之相抗衡。後，西魏最終滅亡梁元帝的江陵政權，當也和三州的分割有很大的關係。

〔註313〕關於「鄉族集團」的概念，參見《晉宋革命和雍州（襄陽）的僑民──從軍政統治到民政統治》，第 138～140 頁。

第五章　陳荊州政治地理研究（兼論雍、郢、湘州）

第一節　陳荊州政區的沿革——兼及雍、郢、湘州

一、荊州政區沿革

　　荊州，永定二年（558）荊州長江以南諸郡皆陷沒。〔註1〕天嘉元年三月，天嘉元年三月，「分荊州之天門、義陽、南平，郢州之武陵四郡，置武州。其刺史督沅州，領武陵太守，治武陵郡」。〔註2〕天嘉二年四月，「分荊州之南平、宜都、羅、河東四郡，置南荊州，鎮河東郡。……（七月）武陵、天門、南平、義陽、河東、宜都悉平」。〔註3〕則陳始復原荊州長江以南諸郡，並度南平郡屬南荊州。後當改南荊州置祐州，並仍度原南荊州四郡屬之。〔註4〕光大元年，「尋遷（陸子隆）都督荊信祐三州諸軍事、宣毅將軍、

〔註1〕《通鑑》卷一百六十七《陳紀一》武帝永定二年曰：「後梁主（蕭詧）遣其大將軍王操將兵略取王琳之長沙、武陵、南平等郡。」第5182頁。

〔註2〕《陳書》卷三《世祖紀》，第50頁。

〔註3〕《陳書》卷三《世祖紀》，第53頁。又《補陳志》卷三南荊州條曰：「羅郡，係陳罷梁羅州置，尋罷。」第4465頁。《通鑑》卷一百七十《陳紀四》臨海王光大元年（567）曰：「吳明徹乘勝攻梁河東，拔之。」第5270頁。則《通鑑》、《陳書》所載時間不同，今暫從《陳書》。

〔註4〕宋本《通典》卷第一百八十三州郡十三古荊州夷陵郡曰：「梁改曰宜州，西魏改曰拓州，後周改為硤州。陳嘗得之，為重鎮。」第35頁；《方輿紀要》卷七十八湖廣四夷陵州云：「梁末兼置宜州，西魏改置拓州，後陳亦曰拓州，後

荊州刺史，……是時荊州新置，治於公安。」〔註5〕則當於光大元年（567）復置荊州。同時，還天門、義陽、南平三郡屬荊州。《補陳志》認為：光大元年陳復置荊州，領石門（按：當為天門）、義陽、南平三郡。〔註6〕從之。光大元年，荊州徙治於公安縣。後於至德元年之前（583年），僑置南郡、新興二郡來屬。則陳至德元年（583）當領郡五。隋開皇九年（589）荊州陷於隋。〔註7〕

（一）南平郡沿革

南平郡，光大元年當增置公安縣，並度南河東郡永安縣來屬。〔註8〕則光大元年當領縣六，仍領有作唐、孱陵、安南三縣，其他三縣政區沿革詳下文。仍治作唐縣。據《陳書·吳明徹傳》載：太建五年（573），進吳明徹爵為南平郡公；十年（578），吳明徹為北周所俘。則當除國。至德元年，又追封吳明徹為邵陵縣開國侯。〔註9〕則太建五年至十年為公國。至德元年，陳後主立皇子嶷為南平王。〔註10〕則陳復為王國。隋開皇九年當除國。

1、公安，《宋志》、《南齊志》無。當在光大元年析江安縣所置，詳下文江安縣條。治今湖北公安縣西北。

2、永安，《宋志》屬南河東郡，《南齊志》屬河東郡。《補陳志》屬南平郡。〔註11〕從之。光大元年，當度永安縣屬南平郡。又《陳書·錢道戢傳》載：陳高祖輔政，封錢道戢為永安縣侯。〔註12〕則紹泰元年至隋開皇九年為侯國。

周又改峽州。」第3678頁；《補陳志》卷三祐州與上述同，第4466頁。然譚其驤認為：「《沈恪傳》、《陸子隆傳》、《宣帝紀》迭見祐州，而『拓州』則曾不一見，作『祐州』是也。《通典》之說殊不可信，《紀要》又從而附會之。又《世祖紀》，天嘉二年，分荊州之南平、宜都、羅、河東等四郡置南荊州，嗣後無聞。按祐州境與荊、信、武等州接界，因疑祐州蓋即以南荊州改置者也。」《〈補陳疆域志〉校補》，第133頁。從之。則《通典》、《方輿紀要》、《補陳志》皆誤。

〔註5〕《陳書》卷二十二《陸子隆傳》，第294頁。
〔註6〕《補陳志》卷三荊州條，第4465頁。
〔註7〕《通鑒》卷一百七十七《隋紀一》文帝開皇九年：陳荊州刺史「陳慧紀亦降，上江皆平。」第5512頁。
〔註8〕《補梁志》卷三荊州南平郡條有永安縣條，第4465頁。從之。
〔註9〕《陳書》卷九《吳明徹傳》，第162～164頁。
〔註10〕《陳書》卷二十八《陳嶷傳》，第377頁。
〔註11〕《補陳志》卷三荊州南平郡條，第4465頁。
〔註12〕《陳書》卷二十二《錢道戢傳》，第295頁。

3、江安，《陳書・周文育附子寶安傳》曰：「（周碧）徵歐陽紇，平定淮南，並有功，封江安縣伯。」〔註13〕隋開皇九年當除國。《補梁志》卷三荊州南平郡條無江安縣。恐誤。

（二）天門郡沿革〔註14〕

天門郡，仍領縣四，仍領有澧陽、臨澧、〔註15〕零陽、漊中四縣。仍治澧陽縣。

（三）義陽郡沿革

義陽郡，仍領縣三，仍領有平氏、厥西二縣，安鄉縣政區沿革詳下文。仍治安鄉縣。《隋志》曰：「安鄉（縣），舊置義陽郡。平陳，郡廢。」〔註16〕又《方輿紀要》云「東晉僑置南義陽郡，梁又置安鄉縣為義陽郡治。隋平陳郡廢，縣屬澧州。」〔註17〕則陳當有安鄉縣。又，太建五年，改封黃法氍為義陽郡公。〔註18〕隋開皇九年當除。太建十四年，陳後主立皇弟叔達為義陽王。〔註19〕則

〔註13〕《陳書》卷八《周文育附子寶安傳》，第142頁。《方輿紀要》卷七十八湖廣四荊州府公安縣條曰：「晉平吳，分屏陵置江安縣，又置南平郡治此。宋、齊因之，梁改縣曰公安。」第3665頁；又《一統志》第二十二冊卷三百四十四荊州府一公安縣條曰：「三國蜀漢析置公安，吳為南郡治。晉太康元年，改縣曰江安，郡曰南平，屏陵仍屬焉，南北朝宋因之。南齊移郡治屏陵。江安為屬縣，陳復為公安。」第17389頁。《方輿紀要》、《一統志》一曰梁改，一曰陳改，不知何據。今據《陳書》仍有江安，當是析江安縣置公安縣。則《方輿紀要》、《一統志》皆誤。

〔註14〕金麟認為：「《補陳志》云：『《宋志》：『吳永安六年分武陵立天門郡。』』《方輿紀要》：『吳置天門郡，陳改郡曰石門。』按此《補陳志》據《紀要》云『陳改郡曰石門』定郡名為石門，殊不知《紀要》是據誤本《隋志》，此實為以訛傳訛，郡名本應作『天門』。……楊守敬《隋書地理志考證》亦云：『各本作石門，誤，今訂。』」《〈補陳疆域志〉訂補》，第382～383頁。從之，則《補陳志》卷三荊州作「石門郡」，恐誤。

〔註15〕金麟認為：「此天門郡領縣中當有澧陽、臨澧二縣，《補陳志》亦脫，宜補。……《隋志》澧陽縣下有『平陳置縣』四字，楊守敬以為澧陽本晉置，在今石門縣，隋徙置新地，非新立澧陽縣，故此縣陳時當有。而臨澧縣，《宋志》、《南齊志》天門郡均有此縣，《紀要》云：『晉太康四年置縣，屬天門郡，宋齊以後因之，隋廢。』此縣當是廢於平陳之後，陳時天門郡亦應有此縣。」《〈補陳疆域志〉訂補》，第383頁。

〔註16〕《隋志下》澧陽郡安鄉條，第895頁。

〔註17〕《方輿紀要》卷七十七湖廣三澧州安鄉縣條，第3641頁。

〔註18〕《陳書》卷十一《黃法氍傳》，第179頁。

〔註19〕《陳書》卷六《後主紀》，第106頁。

太建十四年至隋開皇九年又為王國。

1、**安鄉**，陳當有，詳上文義陽郡條。《補陳志》卷三荊州義陽郡條無。恐誤。

（四）南郡沿革

南郡，《陳書・後主紀》曰：至德元年十月，陳後主立皇弟叔澄為南郡王。〔註20〕則至德元年至隋開皇九年復為王國。無疑，南郡當在至德元年前僑立。確址、領縣乏考。《補陳志》卷三荊州無南郡。恐誤。

（五）新興郡沿革

新興郡，至德元年十月，陳後主立皇弟叔純為新興王。〔註21〕則至德元年至隋開皇九年復為王國。無疑，至德元年前，陳復於長江以南僑置新興郡。確址、領縣乏考。當有定襄縣，詳下文。《補陳志》卷三荊州無新興郡。恐誤。

1、**定襄**，據《陳書・孫瑒傳》載：天嘉元年，封孫瑒為定襄縣侯；太建十二年，「坐彊場交通抵罪」，除爵；「後主嗣位，復爵邑」。〔註22〕則陳當復僑置定襄縣。

二、雍州政區沿革

雍州，《陳書・宗元饒傳》曰：「（宗元饒）以課最入朝，詔加散騎常侍、荊雍湘巴武五州大中正。」則陳當僑置雍州。〔註23〕治所確址、領郡縣乏考。

三、郢州政區沿革

郢州，如上文所及，郢州長江以北之地皆陷於北齊，詳第四章第一節郢州條。又《陳書・孫瑒傳》曰：北周兵乃解，孫瑒「於是盡有中流之地」；天嘉元年，授孫瑒為湘州刺史。《陳書・世祖紀》云：天嘉元年三月，「蕭莊所署郢州刺史孫瑒舉州內附」；「先是，北齊軍守魯山城，戊午，北齊軍棄城走，詔南豫州刺史程靈洗守之」。《通鑑》亦曰：天嘉元年，孫瑒「遂遣使奉表，舉中

〔註20〕《陳書》卷六《後主紀》，第110頁。
〔註21〕《陳書》卷六《後主紀》，第110頁。
〔註22〕《陳書》卷二十五《孫瑒傳》，第320～321頁。
〔註23〕《陳書》卷二十九《宗元饒傳》，第386頁。又譚其驤據《陳書・宗元饒傳》亦以為：「陳有雍州。其建制沿革、治所、領郡不可考。」《〈補陳疆域志〉校補》，第132頁。

流之地來降」。〔註24〕則天嘉元年，陳始復原郢州長江以南之地。天嘉二年，僑置竟陵郡於郢州，詳下文竟陵郡條。天嘉二年當領郡四。仍治汝南縣。太建五年，陳收復北齊所佔西陽、齊安二郡，並度二郡屬郢州。〔註25〕則太建五年當領郡六。太建十一年（579），陳復盡失江北之地，北周當再次攻陷西陽、齊安二郡。〔註26〕禎明三年，郢州沒於隋。〔註27〕

（一）江夏郡沿革

江夏郡，涅陽、惠懷二縣地處江北，以地望論，當在紹泰元年陷於北齊。又增永興縣來屬。至德二年（584）當領縣二。仍治汝南縣。又，天嘉六年，文帝立皇子陳伯義為江夏王。〔註28〕則天嘉六年至隋開皇九年復為王國。

1、汝南，《方輿紀要》曰：「劉宋以汝南為江夏郡治，梁、陳因之。」〔註29〕從之。

2、永興〔註30〕，《方輿紀要》曰：「又有永興城，在興國州南閩閫山下，……梁、陳間置永興縣治此。」與此條史料稍異，《元和志》則云：「陳永興在永興故城，在縣東五十里。」又《紀纂淵海》曰：「永興，本漢桂陽郡便縣。宋省之，陳復置。隋入省郴縣。」〔註31〕《一統志》亦云：「陳置（永興）縣，隋

〔註24〕《陳書》卷二十五《孫瑒傳》，第 320 頁；《陳書》卷三《世祖紀》，第 50 頁；《通鑑》卷一百六十八《陳紀二》文帝天嘉元年，第 5203 頁。

〔註25〕《陳書》卷五《宣帝紀》載：「（太建五年，九月，北齊）齊安城降。……（太建六年，一月，）詔曰：『灰琯未周，凱捷相繼，拓地數千，連城將百。……可赦……郢州之齊安、西陽，……罪無輕重，悉皆原宥。』第 85～86 頁。《隋志》下永安郡黃岡條云：「黃岡（縣），齊曰南安，又置齊安郡。……又後齊置巴州，陳廢。後周置，曰弋州，統西陽、弋陽、邊城三郡。」第 893 頁。則陳廢巴州，當還西陽郡屬郢州。又據《北齊地理志》卷五淮南地區九六衡州條曰：「北齊之衡州只領齊安一郡，郡至開皇初始廢也。」（施和金：《北齊地理志》，中華書局 2008 年版），第 658 頁。從之。則齊安郡北齊時屬衡州，陳時歸屬郢州。

〔註26〕《周書》卷七《宣帝紀》：北周大象元年一月，「杞國公亮拔黃城，梁士彥拔廣陵。陳人退走。於是江北盡平。」第 120 頁。

〔註27〕《通鑑》卷一百七十七《隋紀一》文帝開皇九年：「陳水軍都督周羅睺於郢州刺史荀法尚守江夏，……會建康平，……羅睺乃與諸將大臨三日，放兵散，然後詣（楊）俊降。」第 5511～5512 頁。

〔註28〕《陳書》卷二十八《陳伯義傳》，第 363 頁。

〔註29〕《方輿紀要》卷七十六湖廣二武昌府江夏縣條，第 3521 頁。

〔註30〕《隋志下》江夏郡永興條云：「永興（縣），陳曰陽新。」第 895 頁。然《補陳志》卷三郢州江夏郡條曰：「《隋志》非也，……永興在陳時並無陽新之名也。」第 4462 頁。今從《補陳志》。

〔註31〕《紀纂淵海》卷十三荊湖南路郴州縣沿革條，第 324 頁。

省入富川。」〔註32〕《元和志》、《紀纂淵海》和《一統志》皆曰陳置永興縣。
從之。治今湖北陽新縣。

（二）上雋郡沿革

上雋郡，《隋志》曰：「蒲圻，梁置上雋郡。」〔註33〕梁承聖三年，割上
雋郡置雋州。天嘉四年（563）省雋州，上雋郡當還屬郢州。〔註34〕又，陳
初還沙陽縣屬上雋郡，詳下文沙陽縣條。則天嘉四年當仍領縣四，仍領有下
雋、蒲圻、樂化三縣，沙陽縣政區沿革詳下文。當仍治下雋縣。又《陳書·
始興王叔陵傳》曰：以誅陳叔陵功，任馬客陳仲華為下雋（按：當作上雋）
太守。〔註35〕則陳當有此郡。

1、沙陽，《寰宇記》云：「其沙陽縣，……梁承聖三年改為沙州。陳初復
還縣，又屬上雋。」〔註36〕從之。

（三）武昌郡沿革

武昌郡，《補陳志三》郢州武昌郡條無安昌縣，從之，當於陳初省。至
德二年當領縣三，仍領有武昌、鄂二縣，陽新縣政區沿革詳下文。仍治武昌
縣。又，太建八年，封周炅武昌郡公；〔註37〕隋開皇九年當除國。太建十四
年，後主立皇弟叔虞為武昌王。〔註38〕則太建十四年至隋開皇九年又復為
王國。

1、陽新，《隋志》曰：「永興（縣），陳曰陽新。平陳，改曰富川。」〔註39〕

〔註32〕《方輿紀要》卷七十六湖廣二興國州永興廢縣條，第3539頁；《元和志》卷
　　　　第二十七江南道三鄂州江夏縣，第644頁；《一統志》第二十一冊卷三百三十
　　　　六武昌府二古蹟永興故城，第16817頁。
〔註33〕《隋志下》江夏郡蒲圻條，第895頁。
〔註34〕《宋本寰宇記》卷之一百一十二江南西道十鄂州蒲圻縣條引盛弘之《荊州記》
　　　　云：「陳又改上雋郡為雋州。天嘉元年還復本名。」第187頁；《補陳志》卷
　　　　三郢州上雋郡條與《寰宇記》所載同，第4462頁。譚其驤以為：「《寰宇記》
　　　　蒲圻縣下引盛弘之《荊州記》。又崇陽縣下有云：梁承聖三年，改上雋郡為雋
　　　　州，陳天嘉四年，州廢。先後二說不相合，盛（弘之）說疑非」《〈補陳疆域
　　　　志〉校補》，第129頁。今從譚說。則《寰宇記》、《補陳志》皆誤。
〔註35〕《陳書》卷三十六《始興王叔陵傳》，第496頁。譚其驤以為：「疑下雋郡即
　　　　上雋郡之誤。」《〈補陳疆域志〉校補》，第129頁。從之。
〔註36〕《寰宇記》卷之一百一十二江南西道十鄂州蒲圻縣條，第187頁。
〔註37〕《陳書》十三《周炅傳》，第205頁。
〔註38〕《陳書》卷六《後主本紀》，第106頁。
〔註39〕《隋志下》江夏郡永興條，第895頁。

則陳當有。《補陳志》亦有此縣。〔註40〕從之。

（四）竟陵郡沿革

竟陵郡，《陳書・世祖紀》曰：天嘉二年，「以武昌、國川為竟陵郡，以安流民」。〔註41〕則當於天嘉二年僑置。領縣乏考，當治今湖北鄂州市附近。〔註42〕

（五）西陽郡沿革

西陽郡，太建五年陳復取西陽郡，當還屬郢州。太建十一年又陷於北周，詳本節郢州條。領縣乏考。當領有西陽縣。仍治西陽縣。

1、西陽，石泉、魯西奇認為：「侯景敗，周炅繼續保有西陽、武昌，只是西陽轄境盡為北齊佔領，周炅只有西陽城一個據點而已。陳太建五年（573）北伐，周炅即由此出發，攻克北齊巴州城。大概直到 579 年，韋孝寬伐陳，西陽才落入北周控制之下。」〔註43〕從之。則陳當有西陽縣。

（六）齊安郡沿革

齊安郡，《南齊志》屬司州。《隋志》曰：「黃岡（縣），齊曰南安，又置齊安郡。」〔註44〕則當在蕭齊時置。施和金亦以為：「晉為西陽國，……齊分置齊安郡，北齊天保七年於邾城西南面別築小城置衡州，領齊安郡。」〔註45〕從之。紹泰元年，齊安郡陷沒於北齊。太建五年，陳復齊安郡，當度屬郢州；十一年，齊安郡又被北周攻陷。治今湖北武漢新洲區。領縣乏考。

四、湘州政區沿革

湘州，永定二年，後梁主蕭詧趁王琳東下，出兵佔領湘州。〔註46〕又《陳書・世祖紀》曰：天嘉二年正月，「周湘州城主殷亮降，湘州平。……二月……曲赦湘州諸郡」。〔註47〕則天嘉二年陳始據有湘州。又，陳初省羅州，並還岳陽

〔註40〕《補陳志》卷三郢州武昌郡條，第 4462 頁。

〔註41〕《陳書》卷三《世祖紀》，第 54 頁。

〔註42〕胡阿祥以為：「（竟陵郡治所）疑在今湖北鄂州市附近。」《六朝疆域與政區研究（增訂本）》第十五章第三節「陳政區建置表」，第 496 頁。

〔註43〕《東晉南朝西陽郡沿革與地望考辨》。

〔註44〕《隋志下》永安郡黃岡條，第 893 頁。

〔註45〕《北齊地理志》卷五淮南地區九六衡州治南安縣條，第 657 頁。

〔註46〕《通鑒》卷一百六十七《陳紀一》武帝永定二年曰：「後梁主遣其大將軍王操將兵略取王琳之長沙、武陵、南平等郡。」第 5182 頁。

〔註47〕《陳書》卷三《世祖紀》，第 52～53 頁。

郡屬湘州，詳下文岳陽郡條。《補陳志》以藥山郡屬沅州。〔註48〕從之。當是陳初省羅州並度藥山郡屬沅州。此外，《補陳志》以永陽郡屬湘州。〔註49〕從之。當是陳初廢營州並還永陽郡屬湘州。此外，至德二年（584）增置綏越郡，詳下文綏越郡條。則至德二年當領郡十。隋開皇九年湘州陷沒於隋。〔註50〕

（一）長沙郡沿革

長沙郡，仍領縣四，仍領有瀏陽縣，其他三縣政區沿革詳下文。仍治臨湘縣。《補陳志》卷三湘州長沙郡條有南江縣。〔註51〕與之不同，譚其驤以為：「『南江』統指贛水所經諸郡，時屬江州。猶言『南州』、『南川』、『南中』耳，非縣名。」〔註52〕從之。則《補陳志》上述此條恐誤。又，永定二年，陳武帝追封皇子陳權為長沙王，「諡曰思」。〔註53〕則永定二年至隋開皇九年復為王國。

1、**臨湘**，《陳書·歐陽頠傳》曰：「歐陽頠字靖世，長沙臨湘人也。為郡豪族。」又《陳書·孫瑒傳》云：孫瑒次子訓，「頗知名，歷臨湘令」。〔註54〕則陳仍屬。

2、**醴陵**，《陳書·淳于量傳》曰：華皎平，進封淳于量為醴陵縣公；「淮南克定」，又改封為始安郡公。〔註55〕則光大元年至太建七年為公國。

3、**建寧**，《方輿紀要》云：「三國吳分醴陵置，屬長沙郡，自晉至陳皆因之。隋省入湘潭。」〔註56〕則陳仍屬。

（二）湘東郡沿革

湘東郡，《補陳志》以重安縣屬衡陽郡，〔註57〕暫從之，當於陳初度屬。又，增置新城縣來屬。至德二年當領縣八，仍領有臨烝、陰山二縣，其他六縣

〔註48〕《補陳志》卷三沅州藥山郡條，第 4465 頁。

〔註49〕《補陳志》卷三湘州永陽郡條，第 4464 頁。

〔註50〕《通鑒》卷一百七十七《隋紀一》文帝開皇九年曰：「楊素之下荊門也，遣別將龐暉將兵略地，南至湘州，……（隋湘州刺史薛）胄乘勝入城，擒（陳）叔慎，……斬於漢口。」第 5514~5515 頁。

〔註51〕《補陳志》卷三湘州長沙郡條，第 4463 頁。

〔註52〕《〈補陳疆域志〉校補》，第 130 頁。

〔註53〕《陳書》卷二《高祖紀下》，第 37 頁。

〔註54〕《陳書》卷九《歐陽頠傳》，第 157 頁；《陳書》卷二十五《孫瑒傳》，第 322 頁。

〔註55〕《陳書》卷十一《淳于量傳》，第 180 頁。

〔註56〕《方輿紀要》卷八十湖廣六長沙府湘潭舊城條，第 3754 頁。

〔註57〕《補陳志》卷三湘州衡陽郡條，第 4463 頁。

政區沿革詳下文。仍治臨烝縣。又，天嘉元年，以平王琳功，改封徐度為湘東郡公。〔註 58〕隋開皇九年當除國。此外，至德元年，陳後主立皇弟陳叔平為湘東王。〔註 59〕則至德元年至隋開皇九年又復為王國。

　　1、茶陵，《通鑑》曰：「（陳頊）又遣冠武將軍楊文通從安成步道出茶陵。」〔註 60〕則陳當有。

　　2、耒陽，《方輿紀要》引《志》云：「陳移（耒陽）縣治於鷔山口。」〔註 61〕則陳有之。

　　3、攸水，《方輿紀要》云：「漢縣，屬長沙國，以水為名。……陳改為攸水縣，隋省入湘潭縣。」〔註 62〕從之。

　　4、新城，《宋志》、《南齊志》無。《方輿紀要》曰：「新城廢縣，……陳析臨烝縣置，隋省入湘潭縣。」〔註 63〕又《紀纂淵海》云：「陳析臨烝東鄉置新城縣。」〔註 64〕此外，《一統志》亦載：「（新城縣）在耒陽縣北五十里，陳置。隋省入衡陽。」〔註 65〕治今湖南耒陽市。

　　5、新寧，《方輿紀要》曰：「梁改（新寧）曰常寧，陳復舊。」〔註 66〕當於陳初復。

　　6、湘潭，《陳書‧陳伯義傳》曰：陳伯義長子元基，先封為湘潭侯。〔註 67〕則陳時仍為侯國。隋開皇九年當除。

（三）衡陽郡沿革

　　衡陽郡，度湘東郡重安縣來屬，詳本節湘州湘東郡條。至德二年當領縣六，仍領有湘西、湘鄉、新康、衡山四縣，其他二縣政區沿革詳下文。又，天嘉元年，以陳高祖第六子陳昌為驃騎將軍、湘州牧，立為衡陽王。〔註 68〕則

〔註 58〕《陳書》卷十二《徐度傳》，第 190 頁。
〔註 59〕《陳書》卷六《後主紀》，第 110 頁。
〔註 60〕《通鑑》卷一百七十《陳紀四》臨海王光大元年，第 5266 頁。
〔註 61〕《方輿紀要》卷八十湖廣六衡州府耒陽廢城條，第 3785 頁。
〔註 62〕《方輿紀要》卷八十湖廣六長沙府攸縣條，第 3764 頁。
〔註 63〕《方輿紀要》卷八十湖廣六衡州府承陽城條，第 3781 頁。
〔註 64〕《紀纂淵海》卷十三荊湖南路衡州縣沿革條，第 322 頁。
〔註 65〕《一統志》第二十三冊卷三百六十二衡州府一古蹟新城廢縣條，第 18389 頁。
　　　　然《補陳志》卷三湘州湘東郡新城條引《一統志》曰：「梁大通元年析臨烝東鄉置。」第 4463 頁。檢《一統志》無有此文，則《補陳志》恐誤。
〔註 66〕《方輿紀要》卷八十湖廣六衡州府常寧縣條，第 3785 頁。
〔註 67〕《陳書》卷二十八《陳伯義傳》，第 363 頁。
〔註 68〕《陳書》卷三《世祖紀》，第 49 頁。

天嘉元年至隋開皇九年復為王國。

1、**益陽**，《陳書‧陸子隆傳》曰：天嘉元年，封陸子隆為益陽縣子；尋以平陳寶應功，改封為朝陽縣伯。〔註69〕則天嘉元年至天嘉五年為子國。

2、**重安**，《陳書‧華皎傳》云：陳廢帝即位（567年），改封華皎為重安縣侯；〔註70〕光大元年，華皎反。國當除。又，光大元年，以敗拓跋定功，改封程靈洗為重安縣公，增邑並前二千戶；太建十年春，陳師敗績，程文季被北周所囚，當除國；後，至德元年詔曰：前重安縣開國公程文季「可降封重安縣侯」，並以文季子饗襲封。〔註71〕隋開皇九年當除國。

（四）邵陵郡沿革

邵陵郡，仍領縣六，仍領有都梁、扶夷、高平、邵陽、武強五縣，邵陵縣政區沿革詳下文。仍治邵陵縣。此外，據《陳書‧章昭達傳》載：陳廢帝即位，改封章昭達為邵陵郡公；至德三年，章大寶反，夷三族，國當除。〔註72〕則光大元年至至德三年為公國。又，禎明元年（587），立陳兢為邵陵王。〔註73〕則禎明元年至隋開皇九年復為王國。

1、**邵陵**，《陳書‧吳明徹》曰：至德元年詔曰：「可追封（吳明徹）邵陵縣開國侯」，「以其息（吳）惠覺為嗣」。〔註74〕則至德元年至隋開皇九年為侯國。

（五）岳陽郡沿革

岳陽郡，仍領縣六，仍領有岳陽、湘陰、羅三縣，其他三縣政區沿革詳下文。仍治岳陽縣。《隋志》曰：「湘陰（縣），梁置岳陽郡及羅州，陳廢州。」〔註75〕則當於陳初省羅州，並還岳陽郡屬湘州。又，太建十四年（582），陳後主封皇弟叔慎為岳陽王。〔註76〕則太建十四年至隋開皇九年復為王國。

1、**玉山**，《隋志》曰：「平陳，……尋改岳陽為湘陰，廢玉山縣入焉。」〔註77〕則陳當有此縣。

〔註69〕《陳書》卷二十二《陸子隆傳》，第293頁。
〔註70〕《陳書》卷二十《華皎傳》，第271頁。
〔註71〕《陳書》卷十《程靈洗傳》，第173～175頁。
〔註72〕《陳書》卷十一《章昭達傳》，第183頁。
〔註73〕《陳書》卷二十八《邵陵王兢傳》，第378頁。
〔註74〕《陳書》卷九《吳明徹傳》，第164頁。
〔註75〕《隋志下》巴陵郡湘陰條，第895頁。
〔註76〕《陳書》卷六《後主紀》，第106頁。
〔註77〕《隋志下》巴陵郡湘陰條，第895頁。

2、湘濱，據《陳書‧廬陵王伯仁傳》載：「（陳伯仁）長子番，先封湘濱侯。」〔註78〕則陳仍為侯國。隋開皇九年當除國。

3、吳昌，《一統志》曰：「三國吳改吳昌縣，……晉及宋齊因之。梁屬岳陽郡。隋開皇九年，省入羅縣。」〔註79〕則陳當有。

（六）零陵郡沿革

零陵郡，仍領縣七，仍領有泉陵、洮陽、零陵、祁陽、永昌、應陽六縣，觀陽縣政區沿革詳下文。仍治泉陵縣。又，天嘉元年，改封侯瑱為零陵郡公。〔註80〕則天嘉元年至隋開皇九年為公國。

1、觀陽，《方輿紀要》曰：「孫氏析置觀陽縣，……晉以後因之，梁陳間偽曰灌陽。」〔註81〕則陳當有。

（七）永陽郡沿革

永陽郡，仍領縣四，仍領有營浦、泠道、營道、舂陵四縣。仍治營浦縣。《補陳志》卷三湘州永陽郡條有永陽縣。恐誤。〔註82〕光大二年，陳廢帝立皇弟陳伯智為永陽王。〔註83〕則光大二年至隋開皇九年為王國。

（八）臨賀郡沿革

臨賀郡，《補陳志》卷三湘州臨賀郡條無撫寧縣，暫從之，當於陳初廢省。至德二年當領縣六，仍領有臨賀、馮乘、謝沐、封陽、興安五縣，富川縣政區沿革詳下文。仍治臨賀縣。又，至德元年，陳後主立皇弟陳叔敖為臨賀王。〔註84〕則至德元年至隋開皇九年又復為王國。

1、富川，《陳書‧樊毅附弟猛傳》曰：太建中（569～582年），樊猛「西

〔註78〕《陳書》卷二十八《廬陵王伯仁傳》，第362頁。
〔註79〕《一統志》第二十三冊三百五十八岳州府一平江縣條，第18185頁。
〔註80〕《陳書》卷九《侯瑱傳》，第156頁。
〔註81〕《方輿紀要》卷一百七廣西二桂林府全州灌陽縣條，第4831頁。
〔註82〕金麟認為：「今核《隋志》，原文為：『永陽，舊曰營陽，梁置永陽郡。平陳，郡廢，並營浦、謝沐二縣入焉。……《寰宇記》亦云：『吳寶鼎元年分零陵北部為營陽郡，理營浦，梁天監十四年改郡為永陽。隋平陳郡廢，改營浦為永陽。』然隋永陽縣即原營陽縣，平陳後始改為永陽，故陳時永陽郡應領營浦縣，不得云領永陽縣。」《《補陳疆域志》訂補》，第382頁。從之。
〔註83〕《陳書》卷四《廢帝紀》，第69頁。然《陳書》卷二十八《陳伯智傳》曰：「太建中，立（陳伯智）為永陽王。」第364頁。今從《陳書‧廢帝紀》。
〔註84〕《陳書》卷六《後主紀》，第110頁。

討江陵，潛軍入峽，焚周軍船艦，以功封富川縣侯」。〔註85〕則陳又復為侯國。
隋開皇九年當除國。

（九）綏越郡沿革

綏越郡，《隋志》曰：「賀川，開皇十九年置，又陳置建陵、綏越……等四
郡。」〔註86〕至德二年當領縣一。當治今廣西富川縣南。又《陳書·魯廣達
傳》曰：至德二年，改封魯廣達為綏越郡公。〔註87〕則至德二年至隋開皇九
年為公國。

1、綏越，《隋志》曰：「大業初（賀）州廢，又置臨賀、綏越、蕩山三縣
入焉。」又《一統志》云：「在富川縣南。……陳置綏越郡，則縣之始置，疑
在陳時。」〔註88〕從之。當與郡俱立。當治今廣西富川縣南。

（十）樂梁郡沿革

樂梁郡，仍領縣二，仍領有蕩山縣，游安縣政區沿革詳下文。仍治蕩山
縣。如《隋志》曰「富川（縣），舊置臨賀、樂梁二郡。」又《方輿紀要》曰：
「蕩山廢縣，在縣南。梁置，並置樂梁郡治焉。陳因之。」〔註89〕則陳當有。

1、游安，據《陳書·新安王伯固傳》載：「陳智深以誅（陳）叔陵之功為
巴陵內史，封游安縣子。」〔註90〕則太建十四年至隋開皇九年為子國。

表5.1：陳至德二年（584）荊、雍、郢、湘州行政區劃表

州 （治所今地）	統郡或國 （治所、僑寄地今地）	郡統縣	備注
荊州（湖北公安縣西北）	南平王國（湖北公安縣西南）	公安、江安、孱陵、安南、作唐、永安	新興郡當領有定襄縣，其他領縣乏考
	天門郡（湖北石門縣）	澧陽、臨澧、漊中、零陽	
	義陽王國（僑今湖南安鄉縣）	安鄉、厥西、平氏	

<hr>

〔註85〕《陳書》卷三十一《樊毅附弟猛傳》，第417頁。
〔註86〕《隋志下》永平郡賀川條，第884頁。
〔註87〕《陳書》卷三十一《魯廣達傳》，第419頁。
〔註88〕《隋志下》始安郡富川條，第883頁；《一統志》第三十冊卷四百六十七平樂
　　　府一綏越廢城條，第23865頁。
〔註89〕《隋志下》始安郡富川條，第883頁；《方輿紀要》卷一百七廣西二平樂府封
　　　陽廢縣條，第4846頁。
〔註90〕《陳書》卷三十六《新安王伯固傳》，第497頁。

	南郡王國（治所乏考）	乏考	
	新興王國（僑今湖北江陵縣東北）	定襄	
雍州（乏考）	乏考	乏考	
郢州（湖北武漢市武昌區）	江夏王國（湖北武漢市武昌區）	汝南、永興	
	上雋郡（湖北通城縣西北）	下雋、蒲圻、樂化、沙陽	
	武昌王國（湖北鄂州市）	武昌、陽新、鄂	
	竟陵郡（乏考）	乏考	
湘州（湖南長沙市）	長沙王國（湖南長沙市）	臨湘、灃陵、瀏陽、建寧	
	湘東王國（湖南衡陽市）	臨烝、常寧、陰山、茶陵、攸、新城、耒陽、湘潭	
	衡陽王國（湖南株洲縣西南）	湘西、益陽、湘鄉、新康、衡山、重安	
	邵陵王國（湖南邵陽市）	邵陵、高平、邵陽、武強、都梁、扶夷	
	岳陽王國（湖南汨羅市東）	岳陽、湘陰、羅、玉山、湘濱、吳昌	
	零陵公國（湖南永州市）	泉陵、洮陽、零陵、祁陽、應陽、觀陽、永昌	
	永陽王國（湖南道縣東）	營浦、營道、泠道、舂陵	
	臨賀王國（廣西賀縣東南）	臨賀、富川、謝沐、馮乘、封陽、興安、撫寧	
	綏越公國（廣西富川縣南）	綏越	
	樂梁郡（廣西賀縣西南）	蕩山、游安	

說明：外有「□」符號的，表示該州、郡、縣為僑州、郡、縣。

圖5.1：陳至德二年（584）荊州、郢州、湘州政區圖

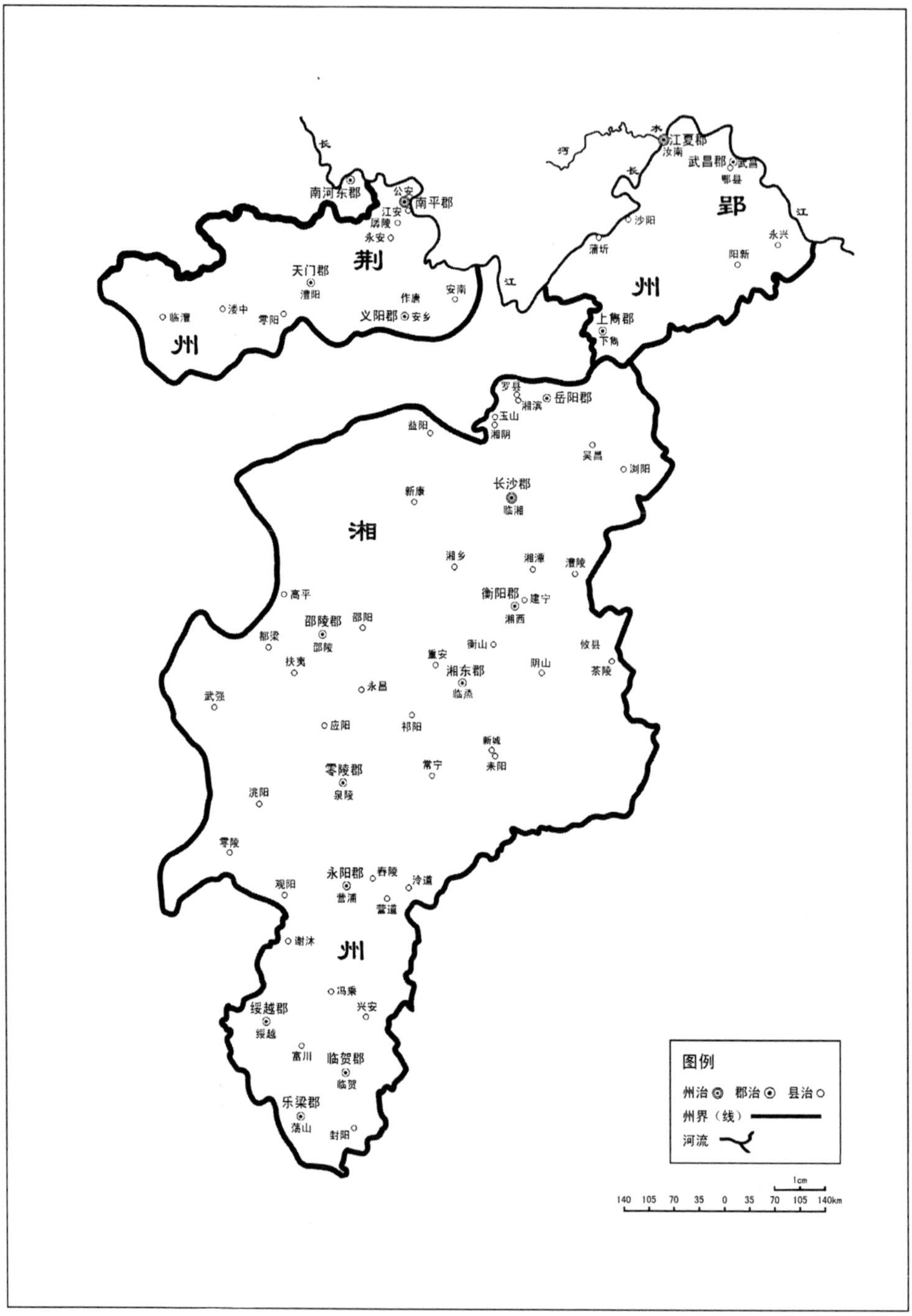

圖例
州治 ◎ 郡治 ⊙ 县治 ○
州界（线）——
河流 〰

1cm
140 105 70 35 0 35 70 105 140km

（地名：南河東郡、公安、江安、南平郡、房陵、永安、天門郡、澧陽、荊、作唐、安南、臨澧、漊中、零陽、義陽郡、安鄉、州；江夏郡、汝南、武昌郡、武昌、鄂縣、郢、沙陽、永興、陽新、蒲圻、上雋郡、下雋、州；羅縣、湘濱、岳陽郡、玉山、湘陰、益陽、吳昌、瀏陽、新康、長沙郡、臨湘、湘、湘鄉、湘潭、澧陵、高平、衡陽郡、湘西、建寧、邵陵郡、邵陽、都梁、衡山、扶夷、攸縣、重安、湘東郡、臨烝、陰山、茶陵、武強、永昌、應陽、祁陽、新城、零陵郡、泉陵、常寧、耒陽、洮陽、零陵、觀陽、永陽郡、營浦、舂陵、泠道、營道、謝沐、州、馮乘、興安、綏越郡、綏越、富川、臨賀郡、臨賀、樂梁郡、蕩山、封陽）

第二節　陳荊、湘、郢三州封爵屬地地理分布的特點　與政治原因

一、南朝陳荊湘郢州封爵情況與其屬地地理分布的特點

　　為便於說明問題，現將南朝陳時荊、湘、郢州所統郡、縣封爵情況，按始封者時間先後順序列表 5.2 於文後。據表 5.2，並茲據相關史料，可知陳時封爵屬地地理分布的特點有：首先，封爵屬地在湘州的先後共有 19 人，占三州封爵總數的 61.3%。其中 6 人被封為郡王，即臨賀、湘東、岳陽、永陽、衡陽、長沙六郡。4 人為郡公，即綏越、邵陵、零陵、湘東四郡。1 人為縣公，即澧陵縣。6 人為縣侯，即重安（包括華皎、程靈洗二人）、邵陵（即吳明徹由南平郡公降爵為邵陵縣侯）、湘潭、湘濱、富川五縣，其他 2 人為縣子，即益陽、游安二縣。荊州先後共有 9 人始封於此，1 人後降爵分封他州（即吳明徹），則實為 8 人。8 人中有 4 人被封為郡王（即南平、義陽、新興、南郡四郡），1 人為郡公，即義陽郡。1 人縣伯，即江安。2 人為縣侯，即永安、定襄二縣。先後始封於郢州的僅 4 人。其中 2 人被封郡王，即江夏、武昌二郡。1 人爵為郡公（周炅卒後，其子法僧襲爵，然降為縣公）。

　　其次，南朝陳在湘、荊、郢州始封的宗室成員共 12 人為郡王，2 人為縣侯（即湘濱、湘潭二縣），占三州封爵屬地總數近 1/2。最後，除陳氏宗室外，其他被始封的 17 人中，除 1 人籍貫不明，3 人原籍為北人外（即淳于量、周炅、魯廣達三人），其他 13 人皆為南人（包括吳明徹[註91]）。如再加上前已論及的 14 個陳氏宗室，則南人封爵屬地在三州中占 27 個。

二、南朝陳荊湘郢州封爵屬地地理分布與政治之間的關係

　　從上述可知，南陳朝有 31 人先後始封於荊、湘、郢三州，人數不多。究其原因，當是：一，北方政權對荊、湘、郢三州的蠶食，雍州皆失。承聖三年長江以北武寧、汶陽、永寧、新興、南郡五郡當於陷於西魏，以南諸郡名義上仍屬蕭梁。陳永定二年（558）荊州長江以南諸郡皆陷於後梁。天嘉二年陳始有原荊州長江以南諸郡，而長江以北與原信州之巴東、建平二郡皆被西魏（北周）

〔註91〕關於秦郡沿革，據《宋志一》南克州刺史秦郡太守條曰：「秦郡太守，晉武帝分扶風為秦國，中原亂，其民南流，寄居堂邑。堂邑本為縣，前漢屬臨淮，後漢屬廣陵，晉又屬臨淮。晉惠帝永興元年，分臨淮淮陵立堂邑郡，安帝改堂邑為秦郡。」第 1056 頁。秦郡治今江蘇六合縣北，則吳明徹當為南人。

所佔。蕭梁天成元年（555）郢州江北諸郡縣皆陷於北齊。陳雖在太建五年（573）規復北齊所佔長江以北西陽、齊安二郡，並還屬郢州。然太建十一年（579），再盡失江北之地，西陽、齊安二郡皆陷於北周。則陳大部時期，郢州長江以北失陷於北齊或北周。如汪士鐸所曰：「陳氏土宇彌蹙，西亡蜀漢，北喪淮肥。威力所加，不出荊揚之域。」〔註92〕二，蕭梁對荊、郢、湘三州進行屢次分割，陳多因之。如蕭梁普通四年（523），分益州置信州並度荊州巴東、建平二郡屬信州。然至陳時皆失。蕭梁大寶元年，割荊州宜都郡立宜州。陳時又度宜都郡置祐州。蕭梁天監六年，分湘廣二州置衡州，度湘州始興、桂陽二郡屬衡州。陳時度始興郡屬東衡州，以桂陽郡屬西衡州。蕭梁大同六年，度湘州始安郡屬桂州。陳因之。蕭梁太清二年前，度湘州岳陽、藥山二郡置羅州。陳初雖廢省羅州，並還岳陽郡屬湘州。然據《補陳疆域志》，時度藥山郡屬沅州，後改名武州。蕭梁大寶元年，度郢州巴陵郡置巴州；同年，割郢州武陵、南陽、夜郎三郡置武州。譚其驤以為，天嘉元年，陳文帝因蕭梁置武州（按：當領有南陽、夜郎二郡）外，又分武陵郡置通寧郡屬沅州。太建七年，「罷通寧之沅州，改武陵之武州為沅州，旋復以武陵為武州」。以上所述政區沿革，前文已詳述之。總之，陳時由於荊、郢、湘州境域內縮，已無力大量封爵。

然需要注意的是，荊、湘、郢州的封爵依然獨具其政治地理的特點，而造成此因的深層次政治原因值得探究。現分三個方面來探討三州的政治地理特點，並析其政治原因：

第一，湘州受封爵人數最多，荊州次之，郢州最少。究其原因：（1）因湘州地處內地，遠離疆場。而荊、郢二州境臨敵國，是邊陲軍事要地。為避免耗費二州的地方賦稅，並減輕財政負擔，故不宜多封。（2）荊、郢二州所轄境域狹小。荊州只轄有南平、天門、僑義陽、僑新興、僑南五郡；如前文所及，後兩郡為陳後主至德元年前所僑立。又郢州僅領江夏、上雋、武昌、僑竟陵四郡；如上述所及，其中僑竟陵郡為陳世祖天嘉二年所僑置。與荊、郢二州不同，湘州領長沙、湘東、衡陽、邵陵、岳陽、零陵、永陽、臨賀、樂梁、綏越〔註93〕十郡。基本上保留了劉宋、蕭齊以來原有的政區範圍，在三州中版圖最大。因此，湘州在陳朝擁有雄厚的物資、人力資源，是長江中游的中心區。

〔註92〕王世鐸：《南北史補志》，收入《二十五史補編》本（第五冊），第6255頁。
〔註93〕《隋志下》永平郡賀川條曰：「賀川，開皇十九年置，又陳置建陵、綏越……等四郡。」第884頁。

如《陳書‧華皎傳》載：「（華）皎善營產業，湘川地多所出，……糧運竹木，委輸甚眾；至於油蜜脯菜之屬，莫不營辦。又征伐川洞，多致銅鼓、生口，並送於京師。……文帝以湘川出杉木舟，使皎營造大艦金翅等二百餘艘，並諸水戰之具。」〔註94〕陳後主時，施文慶為力圖早任湘州刺史的肥缺，竟然瞞報軍情，從而加速了陳朝的滅亡。〔註95〕此也側面證明湘州確有封爵的實力。

第二，據前文所述，南朝陳宗室成員封爵屬地數量幾占三州封爵總數的一半。這亦反映出陳朝由於國力衰敗，境域大幅度內縮，出於維護陳氏中央王朝統治穩定的目的，始大封兄弟子侄為王、侯，以此來提高宗親的政治、社會地位。最終，欲使諸宗室成員起到藩衛皇權統治的政治目的。〔註96〕

第三，南人在湘、荊、郢三州封爵總數中，已占絕對優勢。〔註97〕此說明，陳時南人開始掌握國家的中心權力，故其封爵比例也隨之大增。又表5.2中11人的籍貫分布的地域很廣，如侯瑱巴西充國人、徐度安陸人、吳明徹秦郡人、樊猛南陽湖陽人、吳明徹秦郡人、陳靈洗新安海寧人、黃法氍巴山新建人。〔註98〕如周一良所說，此反映出陳朝政府對待南人政策之一大變化。即「宋至陳凡三變，雖各種人之向用有盛衰，其趨勢則由偏倚而漸進於平均也。」〔註99〕而其中南方地方豪強與蠻族土豪洞主（如侯瑱、樊猛、程靈洗、

〔註94〕《陳書》卷二十《華皎傳》，第271頁。

〔註95〕《陳書》卷三十一《任忠附施文慶傳》曰：「（施文慶）起自微賤，……俄擢為湘州刺史。未及之官，會隋軍來伐，……文慶心悅湘州重鎮，冀欲早行，遂與（沈）客卿共為表裏，抑而不言，後主弗之知也，遂以無備，至乎亡國，實二人之罪。」第415頁。

〔註96〕陳長琦指出：「幼王出鎮是南朝歷史上產生的一獨特的政治現象，……主觀上則蘊含著南朝君主企圖抵消士族政治、提高宗室地位、加強皇權的動機。」《南朝時代的幼王出鎮》，載《華南師範大學學報（社會科學版）》1996年第1期。然陳大封宗室爵位，即與南朝以幼王出鎮的用意相同。

〔註97〕許倬雲認為：「力量強大的士大夫士族，亦即儒家知識分子士族漸漸地奪取了朝廷的領導權。在中古時期，社會比國家（the state）更為強大而且更為長久，後者通常傳祚短暫，此可歸因於內爭，與進入中國之各種種族團體間的不斷鬥爭。」《中古早期的中國知識分子》，收入《中國歷史轉型時期的知識分子》，第28頁。此言甚是。然至陳朝，「士大夫士族」在國家政權中的政治地位明顯地衰落了。

〔註98〕周一良認為：「（陳朝南人）分布之廣與前代迥異，其中舊族亦唯吳興沈氏錢塘杜氏而已。此特陳氏用人普遍之一斑耳。」《南朝境內之各種人及政府對待之政策》，收入《魏晉南北朝史論集》，第58頁。

〔註99〕《南朝境內之各種人及政府對待之政策》，收入《魏晉南北朝史論集》，第63頁。

黃法氍諸人〔註100〕）亦乘機興起。前賢對南方地方豪強和蠻族土豪洞主興起的社會、政治背景，已有詳盡的論述，故不再贅述。〔註101〕此外，據表5.2，可知南方蠻族的土豪洞主僅有 4 人被封為爵位，人數遠少於南方寒族、地方豪強。〔註102〕此說明，陳朝乃是以南方漢人中的寒族、地方豪強為武力支柱的政權。宮崎市定更是指出：「陳朝已不是貴族的政權，而是武將的政權，即使仍有少數劫後餘生的貴族為朝廷所用，但他們扮演的無非就是一些跑龍套的角色而已。」〔註103〕

　　總而言之，雖然南朝陳時荊湘郢州封爵數量較少，但是其封爵屬地地理分布的獨特性仍然和當時的政治緊密相關。即封爵屬地地理分布反映了湘州已取代原荊州政治地理的地位；同時，陳朝大量分封陳氏宗室成員，提高他們的社會、政治地位，以起到藩衛中央的目的；最後，南人中的漢人，即寒族、地方豪強封爵比重占總量的 40%，此亦側面說明他們是陳朝所依靠的主要力量。

〔註100〕關於梁末陳初南方蠻族將帥的論述，參見陳寅恪：《魏書司馬叡傳江東民族條釋證及推論》，載《金明館叢稿初編》，第113～119頁；陳連慶：《東晉南朝胡越出身將帥考》，載《松遼學刊（社會科學版）》1983年增刊第1期。此外，陳連慶在文中認為魯廣達兄弟為蠻族人。恐誤。

〔註101〕關於這個問題，參見陳寅恪：《魏書司馬叡傳江東民族條釋證及推論》，載《金明館叢稿初編》，第78～119頁；《梁陳時期士族的沒落與南方蠻族的興起》，收入《魏晉南北朝史講演錄》，第174～182頁；朱大渭：《梁末陳初豪強酋帥的興起》，收入《六朝史論》，中華書局1998年版，第193～215頁；何德章：《論梁陳之際的江南土豪》，收入氏著《魏晉南北朝史叢稿》，商務印書館2010年版，第53～72頁（原載於《中國史研究》1991年第4期）；張國安：《論梁代江湘交廣諸州豪強的興起》，載《河南師範大學學報》1989年第2期。

〔註102〕呂春盛亦認為：「陳寅恪認為陳朝是南朝南方蠻族所建立的朝代，此說恐有推論過甚嫌。……（因）陳霸先之武將群與文士官僚群出身於南方蠻族亦不多，……因此，自難以認定陳朝是南方蠻族所建立的朝代。陳寅恪據以論斷的根據是陳朝有許多大將是南方的土豪洞主，……（然）真正為陳霸先衝鋒陷陣的只有侯安都與黃法氍，相對於其他更多為陳霸先建功立業的吳人武將，侯安都等雖亦有功，但其地位不能過度地渲染。……隨後，熊曇朗、留異、陳寶應、周迪等割據勢力逐次被鏟平，侯安都因功高震主被賜死，土豪酋帥的勢力遂又從政壇上消退下去。」《陳朝的政治結構與族群問題》，臺北稻鄉出版社2001年版，第112～115頁。從湘、荊、郢三州封爵總數上看，南方蠻族只能算是陳朝政權成員中的少數派而已。

〔註103〕宮崎市定：《宮崎市定亞州史考論》，張學鋒、馬雲超等譯，上海古籍出版社2017年版，第798頁。

表5.2：陳荊、湘、郢州封爵表

	始封者	籍貫	封爵	時間 （置～省年）	受封原因 （歷任主要官職）	出處 （書／卷／頁）	備註
1	錢道戢	吳興長城	永安縣侯	555～589年	陳高祖元從（郢州刺史，雲麾將軍）	陳書／22／295～296	陳高祖微時，以從妹妻焉
2	陳權	同上	長沙郡王	558～589年	陳高祖之子	陳書／2／37	
3	徐度	安陸人（世居京師）	湘東郡公	560～589年	陳高祖元從，為陳世祖所信（湘州刺史）	陳書／12／188～190	原爵為廣德縣侯（梁元帝時封）
4	陸子隆	吳郡吳	益陽縣子	560～564年	以軍功，為陳世祖、高宗所信（荊州刺史）	陳書／22／293～294	564年改封朝陽縣伯
5	孫瑒	同上	定襄縣侯	560～580年，583～589年	以軍功（安西將軍、荊州刺史，郢州刺史）	陳書／25／319～321	原爵為富陽縣侯（梁元帝時封）
6	侯瑱	巴西充國	零陵郡公	560～589年	以軍功，為陳高祖、世祖所信（湘州刺史）	陳書／9／153～156	原爵為郫縣侯（梁元帝時封）
7	陳伯義	吳興長城	江夏郡王	565～589年	陳世祖之子（合州刺史，侍中）	陳書／28／363	
8	陳叔達	同上	義陽郡王	582～589年	陳高宗之子（仁武將軍，丹陽尹）	陳書／28／372	
9	陳叔澄	同上	南郡王	583～589年	陳高宗之子	陳書／28／374	
10	陳叔純	同上	新興郡王	583～589年	陳高宗之子	陳書／28／374	
11	淳于量	濟北人（世居京師）	澧陵縣公	567～575年	以軍功、為陳高宗所信（南兗州刺史）	陳書／11／179～181	原爵為謝沐縣侯（梁承聖元年封）。575年又改封始安郡公
12	華皎	晉陵暨陽	重安縣侯	567～567年	為陳世祖所信（湘州刺史）	陳書／20／270～271	567年舉兵反，國除
13	程靈洗	新安海寧	重安縣公，重安縣侯	567～578年，583～589年	以軍功，為陳高祖、世祖、高宗所信（郢州刺史）	陳書／10／171～173	原爵為遂安縣侯（梁紹泰元年封）。578年被俘，國除
14	章昭達	吳興武康	邵陵郡公	567～585年	以軍功，為陳世祖、高宗所信（江州刺史，侍中）	陳書／11／181～184	原爵欣樂縣侯（天嘉元年封）。585年，其子謀反，國除

15	陳昌	吳興長城	衡陽郡王	567～589 年	陳高祖之子	陳書／3／49	
16	陳伯智	同上	永陽郡王	568～589 年	陳世祖之子(侍中)	陳書／28／364	
17	吳明徹	秦郡	南平郡公，邵陵縣侯	573～578 年，583～589 年	以軍功，為陳高宗所信(南兗州刺史)	陳書／9／160～164	原爵為安吳縣侯(梁紹泰初封)。578 年被北周所俘
18	黃法氍	巴山新建	義陽郡公	573～589 年	以軍功，為陳高宗所信(豫州刺史)	陳書／11／177～179	原爵為新建縣侯(梁敬帝即位封)
19	周碧	義興陽羨	江安縣伯	(573)～589 年	以軍功 (晉陵、安遠二郡太守)	陳書／8／142	周文育之孫
20	陳元基	吳興長城	湘潭縣侯	(太建中)～589 年	宗室	陳書／28／363	陳世祖之孫
21	陳番	同上	湘濱縣侯	(太建中)～589 年	宗室	陳書／28／362	陳世祖之孫
22	樊猛	南陽湖陽	富川縣侯	(太建中)～589 年	以軍功，為陳世祖、高宗、後主所信(南豫州刺史)	陳書／31／416～417	
23	周炅	汝南安城	武昌郡公	576～589 年	以軍功，為陳世祖、高宗所信 (定州刺史)	陳書／13／203～205	原爵為西陵縣侯(梁承聖元年封)
24	陳叔虞	吳興長城	武昌郡王	582～589 年	宗室	陳書／28／372	陳高宗之子
25	陳叔慎	同上	岳陽郡王	582～589 年	宗室 (湘州刺史)	陳書／28／371～371	陳高宗之子
26	陳智深	不詳	游安縣子	582～589 年	以誅陳叔陵功 (巴陵內史)	陳書／36／497	
27	陳叔平	吳興長城	湘東郡王	583～589 年	宗室	陳書／28／373	陳高宗之子
28	陳巖	同上	南平郡王	583～589 年	宗室 (揚州刺史)	陳書／28／377	陳後主次子
29	陳叔敖	同上	臨賀郡王	583～589 年	宗室 (仁武將軍)	陳書／28／373	陳高宗之子
30	魯廣達	扶風郿	綏越郡公	584～589 年	以軍功，為陳高祖、高宗、後主所信(南豫州刺史)	陳書／31／418～420	原爵為中宿縣侯(陳高祖時封)

第三節　陳荊、郢、湘州都督區的變遷與政治作用

　　陳時由於版圖內縮，荊、郢、湘州都督區，除湘州外，其他二州都督區所轄範圍變遷極大，已不能和東晉、劉宋、蕭齊與蕭梁（前期）相比。此外，無需贅述的是荊、郢都督區在陳時已變成邊陲重地，主要防禦已據有長江中

上游的北周的入侵。與此同時，為了隨時應對北周、北齊大規模的南征，陳時還以荊、郢二都督區為中心，設置了臨時性的軍事性機構，即征討都督。如小尾孟夫所說：「征討都督是在出現比較大規模的叛亂、外寇侵入、對外征戰的情況下，被臨時任命的征討總指揮官。」〔註104〕然而等戰事稍事緩和，該機構即被撤銷。為說明問題，現將荊、郢、湘三州歷任刺史及其都督區（其中包括征討都督區）列表如下〔註105〕，並茲據此表和相關的史料，試就三州都督區的變遷與政治作用，次第論述之。

一、荊州都督區的變遷及政治地位

陳於光大元年復立荊州，關於此點，前文已敘及之。此外，與之同時設置的荊州都督區在陳時所轄的行政州比較穩定，除陸子隆都督過祐州外，其他都督僅下轄荊、信二州。這種情況直至陳亡，均無大的變化。此因邊地都督區的穩定有利於軍事物資、人力的統一配給，從而易於防禦突發性的敵方軍事入侵或其他危及政權的事件。然而相對於東晉、劉宋、蕭齊和蕭梁四朝，陳時的荊州都督區範圍已大為縮減。但因荊、信、祐三州皆處於長江中上游地區，此地成為陳朝防禦北周的重要軍事重地。其中信州要直接面對來至據有巴蜀上流北周的軍事威脅。

正是由於荊州都督所轄範圍皆位於邊疆地帶，這就需要有才幹的長官在此坐鎮。表中所列的荊州都督歷任者，除無「都督諸州」軍事權力的陳叔堅外，都富有將才。陸子隆任荊州都督時，如《陳書·陸子隆傳》：「是時荊州新置，治於公安，城池未固，（陸）子隆修建城郭，綏集夷夏，甚得民和。當時號為稱職。」〔註106〕孫瑒續任荊州都督，他「增修城池，懷服邊遠，為鄰境所憚。」〔註107〕後任的樊毅，樊猛兄弟二人，均為陳代名將，曾屢立功勳。〔註108〕最後一任刺史陳慧紀亦「涉獵書史，負才任氣」。在章昭達征北周的

〔註104〕小尾孟夫：《陳代的征討都督》，載《東南文化》增刊，1998年第2期。關於陳朝征討都督的論述，參見小尾孟夫：《六朝都督制研究》，第285～312頁；張鶴泉：《魏晉南北朝都督制度研究》，第195～214頁。

〔註105〕《中國地方行政制度史——魏晉南北朝地方行政制度》第一章行政區劃（下）都督區（四）梁陳都督區荊州都督區條中沒有列出陳朝荊州都督區範圍與歷任荊州刺史的名單，第78頁。則表5.3可補其缺。

〔註106〕《陳書》卷二十二《陸子隆傳》，第294頁。

〔註107〕《陳書》卷二十五《孫瑒傳》，第320頁。

〔註108〕《陳書》卷三十一《樊毅傳》，第415～418頁。

安蜀城時，陳慧紀表現驍勇，在荊州他指揮陳朝的軍隊燒毀了北周青船艦。〔註109〕如前所述，歷屆刺史的人事安排也體現出了荊州都督區軍事戰略位置的重要性。

578 年，孫瑒任都督荊、郢水路諸軍事。樊毅則於 579 年任都督荊郢巴武四州水陸諸軍事，580 年又進督沔、漢諸軍事。換言之，即孫瑒、樊毅二人所任皆為征討都督。其因在於，吳明徹北伐失敗，陳朝損失慘重。為防禦北周的大規模入侵，陳即設立征討都督一職，以應對之。此外，孫瑒、樊毅二人所下轄的征討都督區，都是以戰略要地荊州為中心。然而，時隔未久，孫瑒被調任為郢州刺史。樊毅也於 581 年「以公事免」，免職原因不明。此正說明，隨著來至北周方面軍事壓力的減輕，作為臨時軍事機構的征討都督，也就失去了其存在的軍事意義。加以陳宣帝亦不願看到地方軍事長官權力過大，以威脅到中央政府的安全，隨即廢除之。除上述外，荊州都督區在陳時所轄的行政州比較穩定，除陸子隆都督過祐州外，其他都督僅下轄荊、信二州。這種情況直至陳亡，沒有大的變化。此正說明，邊地都督區的穩定有利於軍事物資、人力的統一配給，從而易於防禦突發性的敵方軍事入侵或其他事件。

表 5.3：陳荊州刺史與都督區表

	任職者	籍貫	任職時間	都督區	資料（書／卷／頁）	備註
1	陸子隆	吳郡吳	567～570 年〔註110〕	都督荊信祐三州、荊州刺史	陳書／22／294	
2	孫瑒	吳郡吳	572～578 年	572～577 年，都督荊信二州、荊州刺史；578 年，都督荊、郢水路諸軍事〔註111〕	陳書／25／320，陳書／5／81、91	577 年，以事免，更為通直散騎常侍

〔註109〕《陳書》卷十五《陳慧紀傳》，第 319 頁。

〔註110〕《陳書》卷十二《沈恪傳》：光大二年（568）「遷（沈恪）都督荊武祐三州諸軍事、荊州刺史。……未之鎮」。第 194 頁。

〔註111〕據《陳書》卷二十五《孫瑒傳》載：太建十年，「及吳明徹兵敗呂梁，授使持節、督緣江諸軍事、鎮西將軍。」第 320 頁。然《陳書》卷五《宣帝紀》曰：吳明徹敗績，以「孫瑒都督荊、郢水陸諸軍事，進號鎮西將軍」。第 91 頁。今從《宣帝紀》所載。

3	樊毅	南陽湖陽	579～581年	579年，都督荊郢巴武四州水陸諸軍事；580年進督沔、漢諸軍事	陳書／31／416，陳書／5／96、97	581 年以公事免
4	樊猛	南陽湖陽	577～581年〔註112〕	都督荊信二州諸軍事、荊州刺史	陳書／31／417	
5	樊毅	南陽湖陽	581～584年〔註113〕	（581年遷護軍將軍、荊州刺史）	陳書／31／416，陳書／5／98	
6	陳慧紀	吳興長城	584～585年	都督荊信二州諸軍事、荊州刺史	陳書／15／220	
7	陳叔堅	吳興長城	585～586年	（荊州刺史〔註114〕）	陳書／28／367	
8	陳慧紀	吳興長城	586～589年	都督荊信二州諸軍事、荊州刺史	陳書／15／220	

二、湘州都督區的變遷及政治地位

　　從表5.4，可知560年侯瑱被委任為都督湘巴郢江吳五州諸軍事，即征討都督之職。分析此次設立征討都督的原因，當是：第一，防範、抵禦北周的侵擾。如560年，北周孤獨盛率領水軍趕赴巴、湘，與賀若敦水陸俱進。〔註115〕陳朝為了挫敗北周的這次大規模入侵，即任太尉侯瑱為五州諸軍事，「西討都督」以御之，並最終獲得勝利。而待北周軍隊敗退後，侯瑱即轉任都督湘桂郢巴武沅六州諸軍事、湘州刺史。第二，為了防備、監視剛剛歸順的孫瑒。

〔註112〕據《陳書》卷三十一《樊毅附弟猛傳》載：「歷散騎常侍，遷使持節、都督荊信二州諸軍事、宣遠將軍、荊州刺史。」第417頁。樊猛當在孫瑒被免職後，接任之。

〔註113〕《陳書》卷六《後主紀》曰：至德三年，以「征西將軍、荊州刺史樊毅為護軍將軍。」第111頁。然據《陳書》卷十五《陳慧紀傳》載：至德二年，遷陳慧紀「都督荊信二州諸軍事、荊州刺史。」第220頁。則至德二年樊毅當離任，今從《陳慧紀傳》。

〔註114〕《陳書》卷二十八《陳叔堅傳》：「（至德）三年，出（陳叔堅）征西將軍、荊州刺史。四年，進號中軍大將軍、開府儀同三司。禎明二年，秩滿還都。」第367頁。然《陳書》卷六《後主紀》則載：「（禎明元年，蕭瓛）詣荊州刺史陳（慧）紀請降。」則陳叔堅至遲當於至德四年，不再兼任荊州刺史之職。況此時陳叔堅已不被陳後主所信，還差點被處死。據《陳書》卷二十八《陳叔堅傳》載：「（陳叔堅）祝詛於上。……後主召叔堅因於西省，將殺之。……（後）特免所居官，……三年，出為征西將軍、荊州刺史。」第367頁。陳後主不可能將荊州刺史的重任委以陳叔堅，故特以無實職的「中軍大將軍、開府儀同三司」安撫之。

〔註115〕《陳書》卷三《世祖紀》，第52頁。

560 年時，原王琳部將孫瑒歸順陳文帝，陳朝得以擁有郢州這個及其重要的戰略要地。然而沒過多久，陳文帝即改任孫瑒為湘州刺史之職，並將他調離其原所轄之地郢州。而孫瑒所要任職的湘州，此時尚在北周的控制之下。由此可見，孫瑒被委任的是一個虛職。此外，據上表可知，孫瑒初被委以湘州刺史時，並無都督諸軍事之號。此點更可證明陳文帝對孫瑒是懷有疑慮的。而恰在此時，陳文帝任侯瑱為都督湘巴郢江吳五州之職。使人頗疑，侯瑱此次的任命實有提防孫瑒的政治目的。待平定北周的入侵後，陳文帝乾脆讓侯瑱續任湘州刺史之職，而將孫瑒調任至京畿之地，以便於監視之。據《陳書·孫瑒傳》載：「（孫）瑒懷不自安，乃固請入朝，徵為散騎常侍、中領軍。未拜，……（乃改）吳郡太守。」〔註116〕此處的「懷不自安「、「固請入朝」等字句，均表達出了孫瑒受到猜疑時的惶恐、無奈的心理。

又，從上表可知，侯瑱、徐度二人都任過都督湘桂郢巴武沅六州諸軍事、湘州刺史之職。而在東晉、劉宋、蕭齊和蕭梁時期，湘州刺史從無都督郢州之事。此說明湘州的軍事戰略位置在陳朝開始上升。原因在於，陳時領土內縮，郢州作為邊陲重州，急需內地湘州物資、人力的支持。湘州都督統領郢州，更便於陳初頻繁的戰事。〔註117〕這一點頗似東晉、劉宋、蕭齊與蕭梁時，荊州都督下轄雍州政區的情況。563 年後，待長江中上游統治漸趨穩定，湘州都督區才不再統轄郢州政區。但原為郢州之地的武州，卻始終受湘州都督管制。這是因為湘州在陳朝已演變為長江中上游的核心區，並成為邊陲荊、郢二州的後方和重要的經濟、軍事援助地。《通典》曰：「湘川之奧，人豐土闢。南通嶺嶠，唇齒荊雍，亦為重鎮。梁陳以來因而不改。」〔註118〕《方輿紀要》亦云：「自宋以後，湘州常為重鎮。梁、陳之間力爭巴、湘，巴、湘屬陳，而江南始可固。」〔註119〕杜佑、顧祖禹二人都提到南朝湘州地理位置的重要性。顧祖禹更是以為湘州的得失，關係到「江南始可固」的存亡問題，可謂慧眼獨具。

〔註116〕《陳書》卷二十五《孫瑒傳》，第 320 頁。
〔註117〕天嘉二年一月，陳平湘州；七月，才收復武陵、天門、南平、義陽、河東、宜都郡（詳上文所述）。
〔註118〕《通典》中華書局本卷一百八十三州郡十三潭州條，第 973 頁。
〔註119〕《方輿紀要》卷八十湖廣六長沙府條，第 3746 頁。

表5.4：陳湘州刺史與都督區表〔註120〕

	任職者	籍貫	任職時間	都督區	資料（書／卷／頁）	備注
1	孫瑒	吳郡吳	560～561年	（湘州刺史）〔註121〕	陳書／25／320，陳書／3／50	
2	侯瑱	巴西充國	561～561年	560年為都督湘、巴、郢、江、吳五州諸軍事，561年為都督湘桂郢巴武沅六州諸軍事、湘州刺史	陳書／9／156，陳書／3／53	巴族
3	徐度	安陸	561～563年	都督湘沅武巴郢桂六州諸軍事、湘州刺史	陳書／12／190，陳書／3／53	
4	華皎	晉陵暨陽	563～567年	都督湘巴等四州諸軍事、湘州刺史	陳書／20／271，陳書／3／56	
5	吳明徹	秦郡	567～572年	都督湘桂武三州諸軍事、湘州刺史	陳書／9，161，陳書／3／67	
6	陳叔陵	吳興長城	572～577年	都督湘衡桂武四州諸軍事、湘州刺史	陳書／36／494，陳書／5／87	
7	陳叔卿	吳興長城	577～585年	（湘州刺史）	陳書／28／368，陳書／5／90	當都督湘衡桂武四州諸軍事
8	陳叔文	吳興長城	585～587年	湘衡武桂四州諸軍事、湘州刺史	陳書／28／369，陳書／6／110	
9	陳叔慎	吳興長城	587～589年	都督湘衡桂武四州諸軍事、湘州刺史	陳書／28／371，陳書／6／114	

三、郢州都督區的變遷及政治地位

　　據表5.5，郢州都督區除淳于量不都督巴、武二州，陳慧紀不都督武州外，其他在任者均都督巴、武二州（郢、巴、武三州範圍相當於蕭齊時的郢州）。而陳朝的巴州境域基本與蕭梁時相同。天嘉元年，陳文帝分武陵郡（境域相當於蕭梁時的沅州）立武、沅二州。太建七年（575），並省武、沅二州，通稱為武州。〔註122〕可見郢州都督區基本上保留了原郢州政區的範圍。

〔註120〕嚴耕望的《中國地方行政制度史——魏晉南北朝地方行政制度》第一章行政區劃（下）都督區（四）梁陳都督區湘州都督區條缺湘州刺史孫瑒、華皎、陳叔卿等三人。又，刺史任職時間不確切（第79頁）。則表5.4可補其缺。

〔註121〕《陳書》卷三《世祖紀》曰：天嘉元年，二月「以高祖第六子昌為驃騎將軍、湘州牧。……（三月）衡陽王昌薨」。第49頁。時湘州在王琳部下孫瑒所控制，三月孫瑒才降陳，本月陳昌即死。據此陳昌湘州牧之職為虛封。

〔註122〕《補陳疆域志》校補》，第131～132頁

又如表所示，淳于量雖不都督巴、武二州，但下轄南司、定二州〔註123〕。原因當是：574年，陳宣帝通過北伐已完全收復淮南之地（包括南司州等地）。〔註124〕郢州都督轄地處長江以北的南司、定二州，有助於集中二州的軍事力量，並依靠郢州的經濟實力，即可進一步擴大北伐的戰果，又便於防禦北齊的反攻。

太建十年，淮南復陷於北周。陳宣帝遽任孫瑒為「都督荊、郢水陸諸軍事，進號鎮西將軍」。〔註125〕然而，當北周的軍事壓力暫緩之後，陳宣帝即轉孫瑒為「都督荊郢巴武湘五州諸軍事、郢州刺史」。580年又以「疆場交通」的罪名，免除了孫瑒之職。〔註126〕聯繫上文，在577年時，陳宣帝就曾「以公事」為藉口，罷免了孫瑒都督荊信二州、荊州刺史的職務。這說明了陳朝對大將即任用之，又心存防範的政治心理。

綜上述，並據表5.3、表5.4、表5.5，可知歷任荊、郢、湘三州刺史的共計22人（包括未到任的陳巖）。其中北人僅有2人（包括世居京師的淳于量），如再排除掉7個宗室成員外，其他任職者皆為南人（包括巴族出身的侯瑱，黃法氍疑為溪人〔註127〕）。從而可知，南方土著人（以漢族為主體）已掌握了

〔註123〕《陳書》卷五《宣帝紀》：太建五年十月，「詔曰：『以黃城為司州，治下為安昌郡，灄湞為漢陽郡，三城依梁為義陽郡，並屬司州。』」第85頁。施和金以為：「因陳境無北司州，故但稱司州，……蓋北齊稱南司州，陳初得此地，仍依舊名稱之也。」（《北齊地理志》卷五淮南地區九八、南司州、治黃城。北齊置南司州條），第660頁。今從之。則《陳書》的司州即是南司州。《陳書》卷十三《周炅傳》曰：永定三年（559年），侯安都「擒（周）炅送都。世祖釋炅，授……定州刺史，帶西陽、武昌二郡太守。……（天嘉）五年，進授……西道都督安蘄江衡司定六州諸軍事、安州刺史」第204頁。又《隋志下》永安郡麻城條亦云：「陳廢北西陽，置定州。後周改州曰亭州。」第894頁。而譚其驤認為：「天嘉初，（周）炅以地來歸，陳始有定州，陳特遷州於建寧郡之赤特亭耳；赤特、北西陽皆在隋麻城縣境，故《隋志》云：『陳廢北西陽縣置定州』也。其實西陽之廢與定州無關。」《〈補陳疆域志〉校補》，第122頁。從之。則陳時當有定州。579年陳盡失江北之地，定州當陷於北周。

〔註124〕《陳書》卷五《宣帝紀》：太建五年十月，「吳明徹克壽陽城，斬王琳，傳首京師」。第85頁。

〔註125〕《陳書》卷二十五《孫瑒傳》則曰：「授使持節、督緣江水陸諸軍事。」第320頁。今從《陳書·孫瑒傳》。

〔註126〕《陳書》卷二十五《孫瑒傳》，第321頁。

〔註127〕關於侯瑱、黃法氍二人的族屬，參見陳寅恪：《魏書司馬叡傳江東民族條釋證及推論》，收入《金明館叢稿初編》，第117頁。

陳朝地方上的行政、軍事權力；再次證明了前文所提到的觀點，即陳朝是以南方漢人中的寒族、地方豪強為武力支柱的政權。

表 5.5：陳郢州刺史與都督區表〔註128〕

	任職者	籍貫	任職時間	都督區	資料（書／卷／頁）	備註
1	章昭達	吳興武康	561～563 年	都督郢巴武沅四州諸軍事、郢州刺史	陳書／11／182，陳書／3／56	
2	沈恪	吳興武康	563～565 年	都督郢武巴定四州諸軍事、郢州刺史	陳書／12／194	
3	程靈洗	新安海寧	565～568 年	都督郢巴武三州諸軍事、郢州刺史	陳書／3／60，陳書／10／172	
4	黃法𣰰	巴山新建	568～570 年	都督郢巴武三州諸軍事、郢州刺史	陳書／4／69，陳書／11／178，墓誌〔註129〕	疑為溪人
5	錢道戢	吳興長城	570～573 年	都督郢巴武三州諸軍事、郢州刺史	陳書／22／296	
6	淳于量	濟北（世居京師）	574～575 年	都督郢巴南司定州諸軍事、郢州刺史	陳書／11／181，陳書／5／87	
7	陳叔卿	吳興長城	575～576 年	（郢州刺史）	陳書／28／368	
8	陳叔堅	同上	575～575 年（未拜），576～578 年	（郢州刺史）	陳書／28／366	
9	孫瑒	吳郡吳	578～580 年	都督荊郢巴武湘五州諸軍事、郢州刺史	陳書／25／320，陳書／5／93	坐疆場交通抵罪
10	陳慧紀	吳興長城	580～584 年	都督郢巴二州諸軍事、郢州刺史	陳書／15／219	
11	荀法尚	潁川潁陰	584～588 年	都督郢巴武三州諸軍事、郢州刺史	陳書／13／203	589 年降隋
12	陳巖	吳興長城	588～589 年	都督郢荊湘三州諸軍事、郢州刺史	陳書／28／377，陳書／6／116	未行而隋軍濟江

〔註128〕嚴耕望《中國地方行政制度史——魏晉南北朝地方行政制度》第一章行政區劃（下）都督區（四）梁陳都督區郢州都督區條缺郢州州刺史陳叔堅、陳巖二人，又刺史任職時間多不確（第83頁）。則表 5.5 可補其缺。

〔註129〕南京市博物館：《南京西善橋南朝墓》附錄「墓誌釋文」，載《文物》1993 年第 11 期。

結　語

　　綜合以上諸章論述可知，東晉荊州政區基本上延續了西晉時的境域。但由於受流民動亂、北方非漢民族政權的侵擾和東晉北伐活動的影響，這一時期荊州境域時伸時縮。其北部的南陽、順陽、新野、襄陽、義陽五郡，西部的巴東、建平二郡常常淪為疆場爭戰之地。至東晉末年，才基本收復荊州境域。為宣示其正統地位和安置北來流民，東晉政府在荊州設置了僑州郡縣。這些僑州郡縣大部集中在以襄陽為中心的荊州北部地區。且這些僑州郡縣皆統轄於襄陽軍府，本身純屬於軍事性的管理機構。僑州郡縣的設立使東晉政府能夠利用北來流民及其鄉族集團的力量，來捍衛荊州的北部門戶。其中尤以桓宣始創的義成郡為典型，即義成郡主要是以宗族、鄉里為核心的軍事集團。同時，東晉時期義成郡統轄權的不斷轉換，也印證了各階層利益集團對襄陽軍府乃至於荊州方鎮的控制過程。西晉末與東晉時期，兩立兩省湘州，湘州的設立、廢省實關乎中央政府與荊州方鎮的力量對比和消長盈虛。東晉初期，司馬睿正是認識到了湘州與荊州北部（以襄陽地區為中心）政治地理的重要性，故以周訪為梁州刺史，甘卓為湘州刺史，以形成南北共同牽制、約束荊、江二州王敦的政治格局。後周訪卒，司馬睿邃以甘卓為梁州刺史、宗室司馬承繼任湘州刺史，拒絕了王敦欲以其親信接任湘州刺史的請求。司馬睿此次的人事安排，顯然欲繼續維持前期南（湘）、北（梁）同時鉗制王敦的局面。但惜甘卓臨事首鼠兩端、萎靡不前，致使坐失良機。又湘州殘破，州小力單，實難和王敦相對抗。最終，王敦奪取湘州和襄陽軍府所轄之地，形成獨攬長江中上游之勢。此後陶侃勢力坐大，即合湘州於荊州。劉裕平定劉毅後，又分荊置湘。劉道憐出任荊州刺史時，劉裕再次省併湘州。無非如前所述，都

是中央政府與荊州方鎮爭鬥的政治結果。

此外，封爵本是統治者治理國家的重要政治手段之一，然其結果也必影響到政區區劃。反之，中央政府封爵時，亦當考慮所封政區的政治、經濟和地理的特點。如晉元帝時期，由於政權初立，無暇顧及封爵之事，故此時的封爵對荊州政區區劃影響不大。然待晉明、成二帝期間，尤其在平王敦、蘇峻之亂後，開始大封功臣。但因受「門閥政治」的影響和司馬氏成員寡少的緣故，司馬氏宗室在荊州少有封爵。又由於受到北方戰亂、敵國侵擾的影響，這一時期的封爵屬地大部集中於長江以南地區。東晉前、中期，北來高門士族多被封爵於荊州，但至東晉末年，以劉裕為首的低等士族、寒門階層掌握了國家中心權力。劉裕為了酬獎、拉攏本階層的勢力，故多封其爵於荊州政區，並期圖以此來提高他們的政治地位，從而謀求能與下游建康高門士族相抗頡的目的。

永初元年，劉宋在雍州成立州佐系統，雍州始由軍府統治轉變為州系統屬，雍州正式成為一級行政區。雍州民政系統的設立，是為了安撫、爭取逃亡到荊州的雍州士族、豪強力量；有利於發展雍州的地方經濟，以便在荊州北部地區建立起牢固的軍事性重州，以防禦北方敵國的入侵，並可適時擇機北伐。同時，雍州的設置，達到了弱化荊州方鎮經濟和軍事實力的目的。後，宋明帝在雍州施行「土斷」，僑郡縣的實土化使雍州政區的經濟、政治與軍事地位迅速得以提升，以至後來出現了「江陵素畏襄陽人」之說。

劉宋前期，曾經兩省三立湘州，而湘州的省、置皆受政治地理因素的影響。中央政府有能力控制荊州政治局勢時，則往往省湘入荊。如元嘉八年、元嘉二十九年，當時的刺史分別為「小心恭慎」的劉義恭、「不復跨馬」的劉義慶、「多蓄嬪媵」的劉義宣，這些人沒有什麼政治野心，用這些人出鎮荊州，宋文帝是放心的。況且忠於朝廷的名臣劉道產、皇子劉誕亦於此時先後出任雍州刺史，他們有足夠的力量牽制、防禦荊州方鎮勢力。又，元嘉二十七年北伐的失敗，也是促使宋文帝再次省併湘州的原因。反之，當中央政府對荊州方鎮產生疑慮和猜忌時，則往往分荊置湘。如永初三年，劉裕置湘州，以親信張邵出任刺史，以輔助時任荊州刺史的幼子劉義隆。元嘉十七年，劉義康逐漸獨攬中央權力，最終引發了主相之爭；並促使宋文帝對宗室所任的方鎮漸生猜疑，遂置湘州，以分荊州之勢。元嘉三十年，劉邵為削弱不服從自己的荊州劉義宣的實力，遂分荊置湘，且以親信任湘州刺史。

　　綜上述，統治者往往利用政區區劃的政治手段，以達到自身的政治意圖。同時，政區區劃亦當考慮政區所處的地理位置。而郢州的劃分更加說明了這一點，孝建元年，宋孝武帝割荊、湘、江、豫四州之地置郢州，郢州政區區劃顯然是為了進一步削弱荊州勢力。更為重要的是，郢州政區獨特的「紡錘形」形狀也將荊、雍二州和長江中下游的江、揚二州完全隔離開來，從而真正起到了防禦、牽制上游荊、雍二州的政治目的。

　　同樣，劉裕建國後，多於荊州政區封予功臣、元從故將以爵位。但這些封爵屬地多集中於邊遠偏僻的地區，從而減輕了王國稅賦對經濟中心區的負擔。劉義隆時，大封皇子、宗室爵位於荊州（包括時置時廢的湘州），其政治目的無非以劉氏宗親來捍衛皇權。後劉義隆、義康兄弟矛盾加深，促使劉義隆轉而多封其皇子以王爵，以衛自身權力。劉駿依恃雍州豪族、寒人勢力得以即位，後這兩個階層也憑佐命之功而興起，此點在荊、郢、湘三州的封爵中得到印證。然三州的封爵屬地很不均衡，湘州由於地處內地，遠離政治中心，相對於號稱「陝西」的荊州以及擔任防禦荊、雍二州和支持北部司州政治、軍事任務的郢州來說，其地位較為次要，故封爵屬地最多。郢、荊二州次於湘州，雍州作為邊陲軍事重地不設封爵。後劉彧因主要靠寒人、武將的支持才得以登基，為了獎勵這些寒人、武將，即大封其爵位，以至出現了封爵過濫的局面。後廢帝、順帝因之而不改。

　　蕭齊基本上延續了劉宋荊、雍、湘、郢四州的政區區劃。但由於劉宋末年，統治階級的內部爭鬥、蠻族的反叛，致使荊州西面（主要包括建平、巴東、天門、武陵四郡）的統治秩序較為混亂。為了穩定這一地區的統治，齊高帝置巴州（下轄巴東、建平、巴、涪陵四郡）以鎮撫之。因政治措施得力，任職官員較為廉潔、幹練，故時隔不久，中央政府即基本上恢復了對該地區有效的管控。然巴州的劃分進一步削弱了荊州勢力，這種局面不利於長江中上游各方鎮間的勢力均衡。況巴郡亦為益州的大郡之一，該郡的割離，即弱化了西陲益州原有的實力，不利於地方的穩定及其經濟發展。故待荊州西面局勢較為穩定後，蕭齊隨之廢省巴州，還各郡屬本州。

　　蕭齊時期，為使宗室起到藩衛中央政府的目的，齊高帝、武帝多封蕭氏宗室成員於湘、郢、荊、雍四州。同時，地域集團成員也大多於此時得以封爵，如青徐集團、雍州集團的成員因有大功於蕭齊，故被授予爵位。齊明帝得豫州集團之助，登上帝位，該集團成員也多被封爵，其中尤以裴叔業為典

型代表。此時期,四州封爵屬地分布情況大致與劉宋相同;即湘州因地處內地,經濟、政治與軍事地位次於其他三州,故封爵屬地最多,郢、荊二州次之。

蕭梁時期,因主要受政治地理因素的影響,即進一步對荊、郢、湘三州政區進行了分割。細分其中原因,可歸結為:1、為了加強邊鎮的政治、軍事功能,2、削弱地方政治勢力,3、籠絡地方實力派,4、鎮撫蠻僚、開發邊遠地方的經濟。除此之外,由於統治階層內部的爭鬥、北魏孝文帝的南征,導致蕭齊沔北地區與其重要的軍事資源葬失殆盡,也使南朝失去了從長江中上游北伐的機會和能力。為了彌補沔北地區丟失所造成的損失,梁武帝在沔南僑置南陽、新野二郡,並徙義成郡於築陽縣,省南天水郡,度略陽縣屬德廣郡。這種政區區劃的安排,是為了吸引、拉攏住雍州土著豪族、士族或世居雍州的豪族、低等士族。

梁武帝藉由雍州集團的力量,奪取了蕭齊政權。因此,雍州集團成員得以於湘、荊、郢三州封爵。但郢州較前朝封爵數量明顯減少,此因蕭梁初期,司州失陷於北魏,使郢州的軍事地位增強。為減輕該州的經濟負擔,故少有封爵。加以該州境域大多處於蠻荒之地,竟陵郡又度屬北新州,這也是該州封爵減少的原因之一。此外,隨著沔北的失陷,沔南軍事地位的加重,雍州已無力分封爵位。

蕭梁時期,北來降人大多得到實封,其原由是梁朝尚文鄙武的風習,使南朝境內北人豪族將種逐漸變成不善戰的階層,梁武帝只得啟用北來降人來彌補之。這一現象即在湘、荊、郢三州封爵中得到證明。梁元帝時期,荊楚集團開始崛起。同時,雍州豪族仍是當時所依恃的主要軍事力量,故這兩個集團的成員多於湘、荊、郢三州封爵。以致蕭梁後期,大量的封爵使荊楚集團的政治地位進一步得到提高,使他們成為梁元帝最終定都於江陵的關鍵因素。

蕭梁對荊、湘、郢三州進行的再分割,使三州的境域再度縮減。後荊州蕭繹與雍州蕭詧兄弟鬩牆,西魏政權從中漁翁得利。紹泰元年,西魏佔據了雍州和荊州長江以北的地區,並曾一度佔領了荊州長江以南與湘州大部地區。同時,北齊也趁機侵佔了郢州位於長江以北的地區。陳建立政權後,雖然曾屢挫北齊、北周的兵鋒,但長江以北領土還是盡陷。據本書的考察和探究可以發現,由於長江以北地區的淪陷,導致湘州在陳時的政治地理位置,開始變得日益重要起來,成為長江中上游的中心地帶;並在一定程度上,取代了

荊州在前四個朝代政治地理上的位置。

　　由於荊、郢、湘三州多次被分割，加之荊、郢二州長江以北地區皆陷於北齊或北周政權。至陳時，荊、郢、湘三州所轄境域更加狹小。此時，三州僅共有 30 個封爵，遠少於前四朝。然而，陳時湘、荊、郢三州封爵數量與其屬地分布，仍然印證了這一時期獨特的政治色彩，首先，陳時由於湘州地處內地，其境域基本無大的變遷，開始成為長江中上游的經濟、政治中心，從而接替了原荊州的地位。也正因上述原因，湘州的封爵屬地在三州中數量最多。其次，以陳霸先為代表的南人掌握了國家中心權力，這點於他們在湘、荊、郢三州所佔的封爵比例上，表現的尤為明顯。此證明南人的政治地位與勢力已絕對壓倒南朝境內的北人。最後，南方土豪洞主雖在三州中即有封爵，但僅有 4 人，數量極少。因此，其政治地位不可過度渲染。總之，陳朝乃是以南方漢人中的寒族、地方豪強為武力支柱的政權。

　　此外，據本書論證可知，陳時由於版圖內縮，荊、郢州都督區所轄境域即隨之變得狹窄，最終演變為邊陲重地，已不能與前四朝相提並論。湘州都督區下轄的行政州境域與前朝相當，其大部仍地處內地，從而替代了原荊州都督區的政治、經濟和軍事地位。如前文所及，陳時由於戰事的需要，在荊、郢、湘三州都督區之上，設立了臨時性的軍事機構，即征討都督。然待戰事稍事緩和，遽撤銷之。毋庸贅述，其目的是為了防止地方勢力坐大，以至威脅到中央政府的統治。

參考文獻

（一）古代文獻（按照文獻首字的漢語音序排列）

經部

J

1. 《經典釋文》，唐・陸德明撰，黃焯斷句，北京：中華書局，1983 年版。

S

1. 《十三經注疏》，清・阮元校刻，上海：上海古籍出版社，1997 年版。

Y

1. 《禹貢錐指》，清・胡渭著，鄒逸麟整理，上海：上海古籍出版社，2006年版。

史部

B

1. 《北齊書》，唐・李百藥撰，北京：中華書局，1972 年版。

2. 《北史》，唐・李延壽撰，北京：中華書局，1974 年版。

3. 《北宋版通典》，唐・杜佑著，〔日〕長澤規矩也、尾崎康校，長沢、尾崎編，韓昇譯，日本宮內廳書陵部藏，上海：上海人民出版社，2008 年版。

4. 《補陳疆域志》，清・臧勵龢撰，《二十五史補編》，第四冊，北京：中華書局，1955 年版。

5. 《補梁疆域志》，清・洪齮孫撰，《二十五史補編》，第四冊，北京：中華書局，1955 年版。

C

1. 《陳書》，唐・姚思廉撰，北京：中華書局，1972 年版。

D

1. 《東晉方鎮年表》，清・吳廷燮撰，《二十五史補編》，第三冊，北京：中華書局，1955 年版。

2. 《東晉疆域志》，清・洪亮吉撰，《二十五史補編》，第三冊，北京：中華書局，1955 年版。

3. 《東晉南北朝輿地表》，清・徐文範撰，《二十五史補編》，第五冊，北京：中華書局，1955 年版。

4. 《讀史方輿紀要》，清・顧祖禹撰，賀次君、施和金點校，北京：中華書局，2005 年版。

5. 《讀通鑒論》，清・王夫之，北京：中華書局，1975 年版。

H

1. 《漢書》，漢・班固撰，唐・顏師古注，北京：中華書局，1962 年版。

2. 《漢唐地理書鈔》，清・王謨輯，北京：中華書局，1961 年影印本。

3. 《漢魏南北朝墓誌彙編》，趙超編，天津：天津古籍出版社，2008 年版。

4. 《後漢書》，南朝宋范曄撰，唐・李賢等注：北京：中華書局，1965 年版。

5. 《華陽國志校補圖注》，晉・常璩著，任乃強校注：上海：上海古籍出版社，1987 年版。

6. 《華陽國志校注》，晉・常璩撰，劉琳校注，成都：巴蜀書社，1984 年版。

J

1. 《嘉慶重修一統志》，清・官修，北京：中華書局，1986 年影印本。

2. 《晉書》，唐・房玄齡等撰，北京：中華書局，1974 年版。

3. 《舊唐書》，後晉・劉昫等撰，北京：中華書局，1975 年版。

4. 《建康實錄》，唐・許嵩撰，張忱石點校，北京：中華書局，1986 年版。

5. 《建康實錄》，唐・許嵩撰，孟昭庚、孫述圻、伍貽業點校，上海：上海古籍出版社，1987 版。

L

1. 《梁書》，唐・姚思廉撰，北京：中華書局，1973 年版。

2.《歷代輿地沿革圖》，楊守敬，臺北：聯經出版事業公司影印，1981 年版。

3.《金石錄補》，收入《歷代碑誌叢書》第二冊，中國東方文化研究會歷史文化分會編，南京：江蘇古籍出版社，1998 年版。

N

1.《南北史補志》，清・汪士鐸撰，《二十五史補編》，第五冊，北京：中華書局，1955 年版。

2.《南北朝僑置州郡考》，清・胡孔福撰，1912 年刊行。後收入《二十四史訂補》第七冊，北京：書目文獻出版社 1996 年影印本。

3.《南齊書》，南朝梁・蕭子顯撰，北京：中華書局，1972 年版。

4.《南史》，唐・李延壽撰，北京：中華書局，1975 年版。

5.《南朝宋會要》，清・朱銘盤，上海：上海古籍出版社，1984 年版。

6.《南朝齊會要》，清・朱銘盤，上海：上海古籍出版社，1984 年版。

7.《廿二史考異》，清・錢大昕著，方詩銘、周殿傑校點，上海：上海古籍出版社，2004 年版。

S

1.《蜀中名勝記》，明・曹學佺著，劉知漸點校，重慶：重慶出版社，1984 年版。

2.《水經注疏》，北魏・酈道元注，楊守敬纂疏，熊會貞參疏，收入《楊守敬集》第四冊，謝承仁主編，武漢：湖北人民出版社、湖北教育出版社，1997 年版。

3.《水經注疏》，酈道元注，楊守敬、熊會貞疏，段熙仲點校，陳橋驛復校，南京：江蘇古籍出版社，1989 年版。

4.《水經注圖》，汪士鐸圖，陳橋驛校釋，濟南：山東畫報出版社，2003 年版。

5.《水經注校》，酈道元著，陳橋驛校證，北京：中華書局，2007 年版。

6.《宋本太平寰宇記》，宋・樂史撰，北京：中華書局，2000 年版。

7.《宋書》，南朝梁・沈約撰，北京：中華書局，1974 年版。

8.《隋書》，唐・魏徵等撰，北京：中華書局，1973 年版。

9. 《隋書地理志考證附補遺》，楊守敬，《二十五史補編》，第三冊，北京：中華書局，1955 年版。

T

1. 《太平寰宇記》，宋・樂史撰，王文楚等點校，北京：中華書局，2007 年版。

2. 《通典》，唐・杜佑撰，王文錦等點校，北京：中華書局，1988 年版。

3. 《通典》，唐・杜佑撰，北京：中華書局，1984 年版。

W

1. 《魏書》，北齊・魏收撰，北京：中華書局，1974 年版。

X

1. 《新校晉書地理志》，清・方愷，《二十五史補編》，第三冊，北京：中華書局，1955 年版。

2. 《續漢書志》，晉・司馬彪撰，南朝梁・劉昭注補，收入范曄《後漢書》，北京：中華書局，1965 年版。

Y

1. 《輿地廣記》，宋・歐陽忞著，李勇先、王小紅校注，成都：四川大學出版社，2003 年版。

2. 《元和郡縣圖志》，唐・李吉甫撰，賀次君點校，北京：中華書局，1983 年版。

3. 《輿地紀勝》，宋・王象之撰，揚州：江蘇廣陵古籍刻印社，1991 年版。

Z

1. 《周書》，唐・令狐德棻等撰，北京：中華書局，1971 年版。

2. 《渚宮舊事》，唐・余知古，《叢書集成初編》，王雲五主編，上海：商務印書館，1939 年版。

3. 《資治通鑒》，宋・司馬光編著，元・胡三省音注，北京：中華書局，1956 年版。

子部

B

1. 《北堂書鈔》，唐・虞世南撰，明・陳禹謨補注，文淵閣《四庫全書》，第

889 冊，臺北：商務印書館 1983～1987 年影印本。

C

1. 《初學記》，唐・徐堅等著，北京：中華書局，1962 年版。

G

1. 《高僧傳》，南朝梁・釋慧皎撰，湯用彤校注，北京：中華書局，1992 年版。

F

1. 《法苑珠林》，唐・釋道世著，周叔迦、蘇晉仁校注，北京：中華書局，2003 年版。

J

1. 《紀纂淵海》，宋・潘自牧撰，文淵閣《四庫全書》，第 930 冊，臺北：商務印書館，1983～1987 年影印本。

M

1. 《冥祥記》，南朝齊・王琰著，《魯迅全集》第八卷《古小說鉤沉・冥祥記》，魯迅先生紀念委員會編撰，上海：人民文學出版社，1973 年版。

N

1. 《廿二史箚記校證》，清・趙翼著，王樹民校證，北京：中華書局，1984 年版。

Q

1. 《潛研堂集》，清・錢大昕撰，呂友仁點校，上海：上海古籍出版社，1989 年版。

S

1. 《十駕齋養新錄》，清・錢大昕撰，上海：上海書店，1983 年版。

2. 《十七史商榷》，清・王鳴盛著，黃曙輝點校，上海：上海書店，2005 年版。

3. 《世說新語校箋》，南朝宋・劉義慶撰，徐震堮著，北京：中華書局，1984 年版。

4. 《事物紀原》，宋・高承撰，明・李果訂，金圓、許沛藻點校，北京：中華書局，1989 年版。

T

1. 《太平御覽》，宋・李昉等編，北京：中華書局，1960 年影印本。

2. 《太平廣記》，宋·李昉等編：北京：中華書局，1962 年版。

X

1. 《習學記言序目》，宋·葉適，北京：中華書局，1977 年版。

Y

1. 《顏氏家訓集釋》，北齊·顏之推撰，王利器集釋，上海：上海古籍出版社，1980 年版。

Z

1. 《真誥》，南朝梁·陶弘景著，《叢書集成初編》，王雲五主編，上海：商務印書館，1939 年版。

2. 《真誥》，南朝梁·陶弘景著，〔日〕吉川忠夫、麥穀邦夫編，朱越利譯，北京：中國社會科學出版社 2006 年版。

集部

L

1. 《樂府詩集》，宋·郭茂倩編，北京：中華書局，1979 年版。

R

1. 《日藏弘仁本文館詞林校證》，唐·許敬宗編，羅國威整理，北京：中華書局，2001 年版。

W

1. 《文選》，南朝梁·蕭統編，唐·李善注，北京：中華書局，1977 年版。

現代文獻（按照作者姓氏首字的漢語音序排列）

1. 書目之部

A

1. 〔日〕安田二郎：《六朝政治史の研究》，京都：京都大學學術出版會，2003 年版。

C

1. 陳珈貝：《商周南土政治地理結構研究》，臺北：花木蘭文化出版社，2009 年版。

2. 陳健梅：《孫吳政區地理研究》，長沙：嶽麓書社，2008 年版。

3. 陳金鳳：《魏晉南北朝中間地帶研究》，天津：天津古籍出版社，2005 年版。

4. 陳琳國：《魏晉南北朝政治制度研究》，臺北：文津出版社，1994 年版。

5. 陳明光：《六朝財政史》，北京：中國財政經濟出版社，1997 年版。

6. 陳寅恪：《金明館叢稿初編》，北京：生活・讀書・新知三聯書店，2001 年版。

7. 陳寅恪著，萬繩楠整理：《魏晉南北朝史講演錄》，貴陽：貴州人民出版社，2007 年版。

8. 陳正祥：《中國文化地理》，北京：生活・讀書・新知三聯書店，1983 年版。

9. 陳仲安、王素著：《漢唐職官制度研究》，北京：中華書局，1993 年版。

10. 程幸超：《中國地方行政制度史》，成都：四川人民出版社，1992 年版。

11. 〔日〕川勝義雄著：《六朝貴族制度社會研究》，徐谷芃、李濟滄譯，上海：上海古籍出版社，2007 年版。

F

1. 方北辰：《魏晉南朝江東世家大族述論》，臺北：文津出版社，1991 年版。

2. 方高峰：《六朝民族政策與民族融合》，首都師範大學博士學位論文，2002 年。

G

1. 甘懷真：《皇權、禮儀與經典詮釋：中國古代政治史研究》，上海：華東師範大學出版社，2008 年版。

2. 高明士：《中國中古政治的探索》，臺北：五南圖書出版公司，2006 年版。

3. 葛劍雄：《中國歷代疆域的變遷》，北京：商務印書館，1997 年版。

4. 葛劍雄、華林甫編：《歷史地理研究》，武漢：湖北教育出版社，2004 年版。

5. 〔日〕宮崎市定：《中國古代賦稅制度論》，收入《中國上古史論文選集（下）》，杜正勝編，臺北：華世出版社，1979 年版。

6. 〔日〕宮崎市定：《宮崎市定亞洲史論考》，張學鋒、馬雲超等譯，上海：上海古籍出版社，2017 年版。

7. 〔日〕谷川道雄主編：《地域社會在六朝政治文化上所起的作用》，東京：玄文社，1989 年版。

8. 〔日〕谷川道雄主編：《魏晉南北朝隋唐史學的基本問題》，北京：中華書局，2010 年版。

9. 顧頡剛、史念海著：《中國疆域沿革史》，北京：商務印書館，1997 年版。

H

1. 韓樹峰：《南北朝時期淮漢地北的邊境豪族》，北京：社會科學文獻出版社，2003 年版。

2. 侯仁之主編：《中國古代地理名著選讀》第一輯，北京：科學出版社，1959 年版。

3. 胡阿祥、孔祥軍、徐成：《中國行政區劃通史·三國兩晉南朝卷》，上海：復旦大學出版社，2017 年版。

4. 胡阿祥：《六朝疆域與政區研究（增訂本）》，北京：學苑出版社，2005 年版。

5. 胡阿祥：《東晉南朝僑州郡縣與僑流人口研究》，南京：江蘇教育出版社，2008 年版。

6. 胡阿祥：《〈宋書·州郡志〉匯釋》，合肥：安徽教育出版社，2006 年版。

7. 華林甫：《中國歷史地理學·綜述》，濟南：山東教育出版社，2009 年版。

J

1. 冀朝鼎：《中國歷史上的基本經濟區與水利事業的發展》，北京：中國社會科學院，1981 年版。

2. 簡修煒、莊輝明、章義和著：《六朝史稿》，上海：華東師範大學出版社，1991 年版。

3. 蔣君章：《政治地理學原理》，臺北：實踐印刷有限公司，1976 年版。

K

1. 孔祥軍：《漢唐地理志考校》，北京：新世界出版社，2012 年版。

2. 孔祥軍：《三國政區地理研究》，南京大學博士學位論文，2007 年。

L

1. 藍勇主編：《長江三峽歷史地理》，成都：四川人民出版社，2003 年版。

2. 黎虎：《魏晉南北朝史論》，北京：學苑出版社，1999 年版。

3. 李曉傑：《東漢政區地理》，濟南：山東教育出版社，1999 年版。

4. 梁滿倉：《魏晉南北朝五禮制度考論》，北京：社會科學文獻出版社，2009年版。

5. 劉君德等編著：《中國政區地理》，北京：科學出版社，1999年版。

6. 劉淑芬：《六朝的城市與社會》，臺北：臺灣學生書局，1992年版。

7. 魯力：《魏晉南朝宗王問題研究》，武漢：武漢大學出版社，2013年版。

8. 魯西奇：《中國古代買地券研究》，廈門：廈門大學出版社，2014年版。

9. 呂春盛：《陳朝的政治結構與族群問題》，臺北：稻鄉出版社，2001年版。

10. 呂思勉：《兩晉南北朝史》，上海：上海古籍出版社，1983年版。

M

1. 毛漢光：《中國中古政治史論》，上海：上海書店出版社，2002年版。

2. 廖幼華：《歷史地理學的應用——嶺南地區早期發展之探討》，臺北：文津出版社，2004年版。

Q

1. 錢穆：《國史大綱》，北京：商務印書館，1991年版。

S

1. 施和金：《北齊地理志》，北京：中華書局，2008年版。

2. 〔日〕守屋美都雄著：《中國古代的家族與國家》，錢杭、楊曉芬譯，上海：上海古籍出版社，2010年版。

3. 蘇紹興：《兩晉南朝的士族》，臺北：聯經出版事業公司，1987年版。

T

1. 譚其驤：《中國歷史地理集》第四冊，北京：地圖出版社，1982年版。

2. 譚其驤：《簡明中國歷史地圖集》，北京：地圖出版社，1991年版。

3. 譚其驤：《長水集》，北京：人民出版社，2009年版。

4. 陶新華：《魏晉南朝中央對地方軍政官的管理制度研究》，北京大學博士學位論文，2000年。

5. 田餘慶：《東晉門閥政治》，北京：北京大學出版社，1989年版。

W

1. 王安泰：《開建五等——西晉五等爵製成立的歷史考察》，臺北：花木蘭文化出版社，2009年版。

2. 王安泰：《再造封建——魏晉南北朝的爵制與政治秩序》，臺北：臺灣大學出版中心，2013 年版。

3. 王明珂：《華夏邊緣：歷史記憶與族群認同》，臺北：允晨文化實業股份有限公司，1997 年版。

4. 王萬雋：《秦漢至南朝的國家與蠻人：以政區、官爵和賦役制度為中心》，國立臺灣大學博士學位論文，2012 年。

5. 王仲犖：《魏晉南北朝史》，上海：上海人民出版社，1979 年版。

X

1. 〔日〕小尾孟夫：《六朝都督制研究》，東京：溪水社，2001 年版

2. 熊秉真主編：《欲掩彌彰：中國歷史文化中的「私」與「情」——公義篇》，臺北：漢學研究中心，2003 年版。

3. 〔美〕許烺光：《宗族‧種姓‧俱樂部》，薛剛譯，北京：華夏出版社，1990 年版。

Y

1. 閻步克：《品位與職位——秦漢魏晉南北朝官階制度研究》，北京：中華書局，2002 年版。

2. 閻步克：《波峰與波谷——秦漢魏晉南北朝的政治文明》，北京：北京大學出版社，2009 年版。

3. 嚴耕望：《中國地方行政制度史‧魏晉南北朝地方行政制度》，上海：上海古籍出版社，2007 年版。

4. 楊光輝：《漢唐封爵制度》，北京：學苑出版社，1999 年版。

5. 余楚修、管維良主編：《重慶建置沿革》，重慶：重慶出版社，1998 年版。

Z

1. 張鶴泉：《魏晉南北朝都督制度研究》，長春：吉林文史出版社，2007 年版。

2. 雄：《中國中南民族史》，南寧：廣西人民出版社，1989 年版。

3. 張學鋒：《漢唐考古與歷史研究》，北京：生活‧讀書‧新知三聯書店，2013 年版。

4. 章義和：《地域集團與南朝政治》，上海：華東師範大學出版社，2002 年版。

5. 趙立新:《東西晉之間的「分陝」——從司馬越到司馬睿的「分陝」》,國立臺灣大學碩士學位論文,2000 年。

6. 趙立新:《南朝宗室政治與仕宦結構:以皇弟皇子府參軍為中心》,國立臺灣大學博士學位論文,2010 年。

7. 中國大百科全書總編輯委員會地理學編輯委員會:《中國大百科全書·地理學》,北京:中國大百科全書出版社,1990 年版。

8. 周品儒:《六朝荊州的發展——以地域政治為中心》,臺灣私立東海大學碩士學位論文,2009 年。

9. 周振鶴主編:《中國行政區劃通史》,上海:復旦大學出版社,2009 年版。

10. 周振鶴:《中國地方行政制度史》,上海:上海人民出版社,2005 年版。

11. 周振鶴:《西漢政區地理》,北京:人民出版社,1987 年版。

12. 周一良:《魏晉南北朝史劄記》,北京:中華書局,1985 年版。

13. 祝總斌:《兩漢魏晉南北朝宰相制度研究》,北京:中國社會科學出版社,1990 年版。

14. 祝總斌:《材不材齋史學叢稿》,北京:中華書局,2009 年版。

2. 文目之部

A

1. 〔日〕安田二郎:《晉宋革命和雍州(襄陽)的僑民——從軍政統治到民政統治》,劉俊文主編:《日本中青年學者論中國史》(六朝隋唐卷),上海:上海人民出版社,1995 年版。

2. 〔日〕安田二郎:《劉宋大明年間的襄陽土斷》,李錦章主編:《湖北歷史文化論集》,第二輯,武漢:中國地質大學出版社,2000 年版。

3. 〔日〕安田二郎:《「晉安王子勳の叛亂」について——南朝門閥貴族體制と豪族土豪》,載《東洋史研究》25 卷第 4 號,1967 年。

B

1. 班書閣:《東晉僑置州郡釋例》,載《禹貢半月刊》第五卷第七期。

2. 班書閣:《東晉襄陽郡僑州郡縣考》,載《禹貢半月刊》第六卷第六期,1936 年版。

3. 〔日〕北村一仁:《南北朝時期的「荒」》,收入《魏晉南北朝史研究:回

顧與探索——中國魏晉南北朝史學會第九屆年會論文集》，武漢：湖北教育出版社，2009 年版。

4. 〔日〕北村一仁：《「荒人」試論——南北朝前期の國境地域》，載《東洋史苑》第 60、61 號，2003 年。

C

1. 曹文柱：《兩晉之際流民問題的綜合考察》，載《歷史研究》，1991 年第 2 期。

2. 陳長琦：《南朝時代的幼王出鎮》，載《華南師範大學學報(社會科學版)》，1996 年第 1 期。

3. 陳琳國：《論魏晉南朝都督制》，載《北京師範大學學報》，1986 年第 4 期。

4. 陳琳國：《論晉末劉宋軍功家族的三種類型》，載《中國史研究》，1995 年第 4 期。

5. 陳連慶：《東晉南朝胡越出身將帥考》，載《松遼學刊（社會科學版)》，1983 年增刊第 1 期。

6. 陳乾康：《論東晉南朝的僑州郡縣》，載《四川師範大學學報》，1995 年第 2 期。

7. 陳勇：《劉裕與晉宋之際的寒門士族》，載《歷史研究》，1984 年第 6 期。

D

1. 〔日〕渡邊義浩：《中國貴族制と「封建」》，載《東洋史研究》第 69 卷第 1 號，2010 年。

F

1. 方高峰：《試論東晉南朝時期少數民族的賦役負擔》，載《邵陽學院學報（社會科學)》，2003 年第 4 期。

2. 方珂：《兩漢時期的荊州刺史為何不治江陵》，載《中南大學學報（社會科學版)》，2007 年第 6 期。

3. 傅樂成：《荊州與六朝政局》，收入《臺灣學者中國史研究論叢·政治與權力》，王健文主編，中國大百科全書出版社，2005 年版。

G

1. 高峰：《沔中督區與東晉政治》，載《許昌師專學報》，2002 年第 6 期。

2. 谷城縣博物館：《湖北谷城六朝畫像磚墓發掘簡報》，載《文物》，2013 年第 7 期。

H

1. 何德章：《宋孝武帝上臺與南朝寒人之得勢》，載《西南師範大學學報（哲學社會科學版）》，1990 年第 3 期。

2. 何德章：《釋「荊州本畏襄陽人」》，收入《魏晉南北朝史叢稿》，北京：商務印刷館，2010 年版。

3. 何德章：《論梁陳之際的江南土豪》，收入《魏晉南北朝史叢稿》，北京：商務印書館 2010 年版。

4. 胡阿祥：《東晉南朝僑州郡縣的設置及其地理分布》，載《歷史地理》第 8、9 輯，上海：上海人民出版社，1990 年版。

5. 胡阿祥：《〈宋書〉卷三十七〈州郡三〉獻疑》，載《中國歷史地理論叢》，2004 年第 3 期。

6. 胡阿祥：《〈宋書·州郡志〉脫漏試補》，載《安徽史學》，2004 年第 4 期。

7. 胡阿祥：《〈宋書·州郡志〉平議》，載《南京曉莊學院學報》，2006 年 3 期。

8. 胡阿祥：《東晉南朝的守國形勢——兼說中國歷史上的南北對立》，載《江海學刊》，1998 年第 4 期。

9. 胡運宏、胡阿祥：《中華本〈晉書·地理志〉考異》，收入《荊楚歷史地理與長江中游開發——2008 年中國歷史地理國際學術研討會論文集》，徐少華主編，武漢：湖北人民出版社，2009 年版。

10. 華林甫：《二十世紀正史地理志研究述評》，載《中國地方志》，2006 年第 2 期。

11. 〔日〕戶川貴行：《劉宋孝武帝の禮制改革について——建康中心の天下觀との関連からみた》，載《九州大學東洋史論集》第 36 號，福岡：九州大學文學部東洋史研究會，2008 年。

12. 黃惠賢：《北朝鹽政淺述》，收入《魏晉南北朝隋唐史資料》第 15 輯，武漢：武漢大學出版社，1997 年版。

J

1. 金麟：《〈補陳疆域志〉訂補》，載《歷史地理》第 19 輯，上海：上海人

民出版社，2003 年版。

2. 金維諾：《「職貢圖」的時代與作者——讀畫箚記》，載《文物》，1960 年
第 7 期。

L

1. 勞幹：《兩漢刺史制度考》，載《中央研究院歷史語言研究所集刊》第 11
本，1943 年。

2. 李培棟：《陶侃評傳》，載《上海師院學報》，1980 年第 3 期。

3. 李天石：《蕭衍復齊建梁考論》，載《江蘇社會科學》，1999 年第 2 期。

4. 劉美崧：《建平蠻、天門蠻、臨江蠻興衰述略——魏晉南北朝時期的土家
族先民》，載《魏晉南北朝史論文集》，中國魏晉南北朝史學會編，濟南：
齊魯書社，1991 年版。

5. 劉希為、劉磐修：《六朝時期嶺南地區的開發》，載《中國史研究》，1991
年第 1 期。

6. 魯力：《孝武帝誅竟陵王事與劉宋宗王鎮邊問題》，載《武漢大學學報（人
文社會科學版）》，2009 年第 5 期。

7. 魯西奇：《論地區經濟發展不平衡——以漢江流域開發史為例》，載《中
國社會經濟史研究》，1997 年第 1 期。

8. 羅新：《試論曹魏的爵制改革》，載《文史》，2007 年第 3 輯。

9. 羅新：《青徐豪族與宋齊政治》，載《原學》第 1 輯，北京：中國廣播電
視出版社，1994 年版。

M

1. 孟思明：《六朝世族形成的經過》，載《文史雜誌》第一卷第九期，1941
年。

2. 繆鉞：《清談與魏晉政治》，收入《繆鉞全集》第一卷（上）冰繭庵讀史
存稿，石家莊：河北教育出版社，2004 年版。

N

1. 南京市博物館、雨花區文化局：《南京南郊六朝謝溫墓》，載《文物》，1998
年第 5 期。

2. 南京市博物館：《南京北郊東晉溫嶠墓》，載《文物》，2002 年第 7 期。

3. 南京市博物館：《南京西善橋南朝墓》，載《文物》，1993 年第 11 期。

4. 倪春莉：《晉代封爵制及其與門閥士族地主的關係》，載《大同高專學報》，1997 年第 1 期。

Q

1. 秦冬梅：《論東晉北方士族與南方社會的融合》，載《北京師範大學學報（社會科學版）》，2003 年第 5 期。

S

1. 史念海：《論我國歷史上東西對立的局面和南北對立的局面》，載《中國歷史地理論叢》，1992 年第 1 期。

2. 石泉、魯西奇：《魏晉南朝義陽郡沿革與地望考辨》，載《江漢考古》，1996 年第 3 期。

3. 石泉、魯西奇：《東晉南朝長江中游地區僑州郡縣地望新探》，載《中國歷史地理論叢》，1995 年第 4 期。

4. 石泉、魯西奇：《東晉南朝西陽郡沿革與地望考辨》，載《江漢考古》，1996 年第 2 期。

T

1. 唐長孺：《南朝寒人的興起》，收入《魏晉南北朝史論叢續編》，北京：中華書局，2011 年版。

2. 唐長孺：《西晉分封與宗王出鎮》，收入《魏晉南北朝史論拾遺》，北京：中華書局，2011 年版。

3. 陶元珍：《魏咸熙中開建五等考》，載《禹貢半月刊》第 6 卷第 1 期，1935 年。

W

1. 萬繩楠：《六朝時代江南的開發問題》，載《歷史教學》，1963 年第 3 期。

2. 王延武：《兩晉南朝的治「蠻」機構與「蠻族」活動》，載《中南民族大學學報》，1983 年第 3 期。

3. 王永平、徐成：《近六十年來有關南朝襄陽地區武力豪族研究評述》，載《南京曉莊學院學報》，2010 年第 1 期。

4. 汪奎：《劉劭之亂與劉宋政局》，載《重慶社會科學》，2006 年第 12 期。

5. 汪清:《王莽時期州制的變化兼論都督制的濫觴》,載《鄭州大學學報(社會科學版)》,2000 年第 3 期。

6. 王錚、張丕遠、周清波:《歷史氣候變化對中國社會發展的影響——兼論人地關係》,載《地理學報》,1991 年第 4 期。

X

1. 夏日新:《東晉南朝長江中游地區僑州郡縣考》,收入《古代長江中游的經濟開發》,黃惠賢,李文瀾主編,武漢:武漢出版社,1988 年版。

2. 夏日新:《關於東晉僑州郡縣的幾個問題》,收入《魏晉南北朝隋唐史資料》第 11 期《唐長孺教授八十大壽紀念專輯》,武漢:武漢大學出版社,1993 年版。

3. 〔日〕小尾孟夫:《陳代的征討都督》,載《東南文化》增刊,1998 年第 2 期。

4. 徐成:《東晉南朝雍州尚武豪族研究》,揚州大學碩士論文,2010 年。

5. 許倬雲:《中古早期的中國知識分子》,收入《中國歷史轉型時期的知識分子》,余英時等著,臺北:聯經出版事業公司,1992 年版。

6. 薛軍力:《劉宋初期對強藩的分割》,載《天津師大學報》,1995 年第 5 期。

Y

1. 要瑞芬:《都督制在東晉南朝荊揚之爭中的作用》,載《蘇州大學學報(哲學社會科學版)》,1993 年第 1 期。

2. 嚴耕望:《東晉南朝都督與都督區》,載臺灣中央研究院《歷史語言研究所集刊》第二十七本,1956 年。

3. 嚴耕望:《魏晉南北朝地方行政制度約論》,收入《大陸雜誌史學叢書》第二輯刊第一冊《三代秦漢魏晉史研究論集》,臺北:大陸雜誌社,1967 年。

4. 嚴耀中:《評宋孝武帝及其政策》,載《上海師範大學學報》,1987 年第 1 期。

5. 楊德炳:《東晉上流社會享樂之風再探討》,收入《魏晉南北朝隋唐史資料》第 15 輯,武漢:武漢大學出版社,1997 年版。

6. 余遜：《南朝之北士地位》，載《輔仁學誌》十二卷一二合期，1943 年。

7. 〔日〕越智重明：《晉爵と宋爵》，《史淵》第 85 輯，1961 年。

8. 〔日〕越智重明著：《梁陳政權與梁陳貴族制》，夏日新譯，收入《日本學者研究中國史論著選譯》第四卷，劉俊文主編，北京：中華書局，1992 年版。

Z

1. 張承宗：《六朝時期江州的戰略地位》，載《蘇州大學學報（哲學社會科學版）》，1993 年第 1 期。

2. 張春龍：《湘西里耶秦簡「復活」秦國歷史》，載《中國國家地理雜誌》，2002 年第 9 期。

3. 張國安：《論梁代江湘交廣諸州豪強的興起》，載《河南師範大學學報》，1989 年第 2 期。

4. 張琳：《東晉南朝時期襄宛地方社會的變遷與雍州僑置始末》，收入《魏晉南北朝隋唐史資料》第 15 輯，武漢：武漢大學出版社，1997 年版。

5. 張興成：《兩晉宗室制度差異及其形成原因探析》，載《中州學刊》，2011 年第 1 期。

6. 張興成：《兩晉宗室管理制度論述》，載《文史哲》，2001 年第 2 期。

7. 張學鋒：《南京司家山出土謝氏墓誌研究——東晉流寓政府的輓歌》，載《南京曉莊學院學報》，2004 年第 3 期。

8. 張澤洪：《魏晉南朝蠻、僚、俚族對南方經濟發展的貢獻》，載《中國社會經濟史研究》，1989 年第 2 期。

9. 章冠英：《兩晉南北朝時期民族大變動的廩君蠻》，載《歷史研究》，1957 年第 2 期。

10. 〔日〕中村圭爾：《「鄉里」の倫理——六朝貴族社會のイデオロギー》，《東洋史研究》第 41 卷第 1 號，1982 年。

11. 趙燦鵬：《南朝梁元帝〈職貢圖〉題記佚文的新發現》，載《文史》，2011 年第 1 輯。

12. 周振鶴：《建構中國歷史政治學的設想》，載《歷史地理》第 15 輯，上海：上海人民出版社，1999 年版。

13. 周振鶴：《行政區劃史研究的基本概念與學術用語芻議》，載《復旦學報（社會科學版）》，2001 年第 3 期。

14. 周振鶴：《漢武帝十三刺史部所屬郡國考》，載《復旦學報（社會科學版）》，1993 年第 5 期。

15. 朱大渭：《南朝少數民族概況及其與漢族的融合》，收入《六朝史論》，北京：中華書局，1998 年版。

16. 朱大渭：《梁末陳初豪強酋帥的興起》，收入《六朝史論》，北京：中華書局，1998 年版。

後　記

　　呈現在讀者面前的這本書，是在本人博士學位論文基礎上作了一定修改後而成的。記得 2011 年，蒙胡阿祥師不棄，本人得以入南京大學歷史學系學習。胡師治學嚴謹、眼界開闊、教學靈活，每每予人新意、啟人思路。吾有幸從胡師遊學，甚悟得治學之不易，為人處世之理。當初，在考慮博士論文選題時，本想以魏晉南北朝「民族地理」問題作為研究的對象，並為此收集了一些材料，閱讀了相關的論著。但苦於沒有好的方向可以進一步深入下去，最終還是放棄了。在這種情況下，想起初次拜訪胡師時，他曾建議以「三峽地區」歷史地理為選題方向。惜本人學識淺薄，無法把握這一地區在整個歷史時期的沿革過程。後遂以本人較為熟悉的魏晉南北朝為時間段，並且將「三峽地區」擴而充之，以《晉書・地理志》的荊州政區範圍為研究對象。此外，三國荊州地區已為孔祥軍師兄所作，於是選擇了前賢今人較少涉及的東晉南朝為時間段。又「歷史政治地理學」的研究如周振鶴所說：「第二部分工作應該是就疆域政區本身的要素來進行分解式的以及政治學角度的研究」、「第三部分工作的重點在於研究政治過程對地理區域變遷的影響」，在周氏此話的提示下，本文就上述二個部分工作作了初步的嘗試。但由於本人史識甚淺、學養不夠、視野較窄，故未能盡如人意。

　　此外，在南京大學求學期間得以聆聽張學鋒老師的教誨，開闊了眼界，增長了學識。張老師為人謙和、喜獎掖後學，本人甚得惠益。又，幸得南京大學范金民、李昌憲、夏維中、范毓周、周學鷹等諸先生傾心傳授，多獲益處。此外，在南京大學讀博期間，多得四川大學歷史文化學院繆元朗老師的指點及督促，令人感懷不已。同門之間的友情與相互關愛使本人在南京大學求學

的過程中，平添了許多樂趣，姚樂、盧小慧、周能俊、吳慶、陸帥、沈志富、劉兵、唐智佳、劉萃峰、葛亦陶、劉亦雄、崔敏、王雙、馬瀟、劉錚、白國柱等諸學友對本人的幫助和鼓勵，將銘記在心。

家人的關愛，尤其是父母、岳父母的恩情，在此無以言表之。妹妹、妹婿在本人讀書期間亦給予了多方的支持。本書的政區圖皆為內人劉金茹所繪。他們是本人能夠完成前行的堅強後盾。吾深知，唯有以自己的努力，或可回報之一二。

最後，還要感謝花木蘭文化事業有限公司編委會的編委以及楊嘉樂、宗曉燕、高小娟等老師的殷勤協助，正是由於他們，拙著才得以獲得出版的機會。

程剛

2020 年 8 月 5 日於家中